图书在版编目（CIP）数据

到历史上的都城去旅行 / 歪歪兔童书馆著绘. — 北京：海豚出版社，2022.6（2024.7 重印）
ISBN 978-7-5110-5959-8

Ⅰ. ①到… Ⅱ. ①歪… Ⅲ. ①中国历史－少儿读物 Ⅳ. ① K209

中国版本图书馆 CIP 数据核字 (2022) 第 068292 号

到历史上的都城去旅行

出 版 人：王 磊
总 策 划：宗 匠
执行策划：宋 文
监　　制：刘 舒
撰　　文：宋 文
绘　　画：王 倩　徐艺明
装帧设计：玄元武　侯立新
责任编辑：杨文建　张国良
责任印制：于浩杰　蔡 丽
法律顾问：中咨律师事务所　殷斌律师

出　　版：海豚出版社
地　　址：北京市西城区百万庄大街24号　邮　　编：100037
电　　话：(010) 65569870（销售）　(010) 68996147（总编室）
传　　真：(010) 68996147
印　　刷：北京博海升彩色印刷有限公司
开　　本：16 开（787 毫米×1092 毫米）
印　　张：16
字　　数：220 千
印　　数：80001-110000
版　　次：2022 年 6 月第 1 版
印　　次：2024 年 7 月第 7 次印刷
标准书号：ISBN 978-7-5110-5959-8
定　　价：135.00 元

版权所有　　侵权必究

到历史上的
都城
去旅行

歪歪兔童书馆/著绘

海豚出版社
DOLPHIN BOOKS
中国国际传播集团

夏　斟鄩（二里头）
- 部落时代 ……… 4
- 中国历史上第一个朝代 ……… 5
- 4000年前的都城 ……… 6
- 夏桀的酒池肉林 ……… 8
- 看得见的历史 ……… 9

商　殷（安阳）
- 商汤灭夏 ……… 10
- 没有围墙的都城 ……… 12
- 武丁的商朝盛世 ……… 14
- 商纣王的末日 ……… 14
- 科技文化 ……… 16
- 看得见的历史 ……… 17

西周　镐京（西安）
- 钓鱼的怪老头儿 ……… 18
- 周武王灭商 ……… 20
- 封建和诸侯 ……… 21
- 两座都城 ……… 22
- 被赶出都城的君王 ……… 24
- 烽火戏诸侯 ……… 25
- 看得见的历史 ……… 27

东周　洛邑（洛阳）
- 箭射周天子 ……… 28
- 抢着当霸主 ……… 30
- 孔子办私学 ……… 35
- 战国七雄 ……… 35
- 科技文化 ……… 38
- 看得见的历史 ……… 40

秦　咸阳
- 统一的国家 ……… 42
- 宫殿林立的咸阳城 ……… 44
- 指鹿为马 ……… 45
- 大泽乡起义 ……… 46
- 火烧咸阳城 ……… 47
- 看得见的历史 ……… 48

西汉　长安（西安）
- 从亭长到开国皇帝 ……… 50
- 成也萧何，败也萧何 ……… 51
- 汉都长安 ……… 52
- 文景之治 ……… 54
- 被弃市的晁错 ……… 55
- 从长安通往罗马的丝绸之路 ……… 56
- 短命的新朝 ……… 58
- 科技文化 ……… 60
- 看得见的历史 ……… 62

东汉　洛阳
- 定都洛阳 ……… 64
- 班超投笔从戎 ……… 66
- 黄巾起义 ……… 67
- 洛阳的劫难 ……… 68
- 赤壁之战 ……… 69
- 科技文化 ……… 70
- 看得见的历史 ……… 72

魏　洛阳
- 曹魏都城洛阳 ……… 74
- 曹家三父子 ……… 75
- 司马氏代魏建晋 ……… 76
- 科技文化 ……… 78
- 看得见的历史 ……… 79

蜀汉　成都
- 刘备的崛起 ……… 80
- 三顾茅庐 ……… 81
- 夷陵之战 ……… 82
- 诸葛亮治蜀 ……… 82
- 魏灭蜀汉 ……… 84
- 看得见的历史 ……… 85

吴　建业（南京）
- 孙权建吴 ……… 86
- 六朝古都之始 ……… 88
- 远洋航行 ……… 89
- 晋军灭吴 ……… 90
- 看得见的历史 ……… 91

西晋　洛阳
- 西晋都城洛阳 ……… 92
- 奢侈之风 ……… 93
- 傻子皇帝司马衷 ……… 95
- 八王之乱 ……… 96
- 西晋的灭亡 ……… 97
- 科技文化 ……… 98

东晋　建康（南京）
- 王马共天下 ……… 100
- 祖逖北伐 ……… 101
- 淝水之战 ……… 102
- 刘宋代晋 ……… 103
- 科技文化 ……… 104
- 看得见的历史 ……… 106

北朝　洛阳
- 拓跋珪建北魏 ……… 108
- 魏孝文帝迁都洛阳 ……… 109
- 北魏的分裂 ……… 110
- 北齐和北周 ……… 111
- 北方的统一 ……… 112
- 科技文化 ……… 113
- 看得见的历史 ……… 114

南朝 建康（南京）

- 平民出身的皇帝 …………… 116
- 短暂的南齐 …………………… 117
- 想当和尚的皇帝 …………… 118
- 侯景之乱 ……………………… 119
- 棺材前的夺位战 …………… 120
- 隔江犹唱《后庭花》 ……… 121
- 科技文化 ……………………… 122
- 看得见的历史 ……………… 124

隋 大兴（西安）

- 定都大兴城 ………………… 126
- 改立太子 …………………… 127
- 修建东都 …………………… 128
- 连通南北的大运河 ………… 129
- 龙舟巡游 …………………… 130
- 科技文化 …………………… 132
- 看得见的历史 ……………… 133

唐 长安（西安）

- 唐都长安 …………………… 134
- 玄武门之变 ………………… 136
- 唐太宗的"镜子" ………… 137
- 历史上唯一的女皇帝 ……… 138
- 开元年间的盛世景象 ……… 140
- 安史之乱 …………………… 142
- 甘露之变 …………………… 143
- 长安城的劫难 ……………… 144
- 科技文化 …………………… 146
- 看得见的历史 ……………… 148

五代 开封

- 古老的开封 ………………… 150
- 爱演戏的皇帝 ……………… 151
- 儿皇帝 ……………………… 152
- 最短的朝代 ………………… 153
- 周世宗扩建开封城 ………… 154
- 十国兴亡 …………………… 155
- 科技文化 …………………… 157

北宋 东京（开封）

- 陈桥驿的一场戏 …………… 158
- 买来的和平 ………………… 160
- 铁面无私的包拯 …………… 161
- 汴河边的繁华都市 ………… 162
- 选错职业的赵佶 …………… 164
- 靖康之变 …………………… 164
- 科技文化 …………………… 166
- 看得见的历史 ……………… 168

南宋 临安（杭州）

- 懦弱的皇帝和勇猛的将领 … 170
- 不一样的都城 ……………… 171
- 莫须有的罪名 ……………… 172
- 三任太上皇 ………………… 174
- 从海上开始，到海上结束 … 176
- 科技文化 …………………… 178
- 看得见的历史 ……………… 180

辽 临潢（巴林左旗）

- 契丹族的崛起 ……………… 183
- 五座都城 …………………… 183
- 高梁河之战 ………………… 184
- 辽朝的衰落和灭亡 ………… 186
- 科技文化 …………………… 187
- 看得见的历史 ……………… 188

西夏 兴庆（银川）

- 好水川之战 ………………… 190
- 在夹缝中生存和发展 ……… 192
- 西夏的灭亡 ………………… 193
- 看得见的历史 ……………… 194

金 中都（北京）

- 头鱼宴上的反抗 …………… 196
- 攻灭辽国和北宋 …………… 197
- 修建新都城 ………………… 197
- 和南宋的交锋 ……………… 199
- 金朝的衰亡 ………………… 200
- 看得见的历史 ……………… 202

元 大都（北京）

- 可怕的征服者 ……………… 204
- 三头六臂哪吒城 …………… 206
- 两座都城之间的战争 ……… 208
- 一只眼的石人 ……………… 209
- 科技文化 …………………… 210
- 看得见的历史 ……………… 212

明 北京

- 糯米汁砌城墙 ……………… 214
- 宫殿门口打板子 …………… 215
- 皇宫大火中失踪的皇帝 …… 216
- 修建北京城 ………………… 218
- 北京保卫战 ………………… 220
- 差点被勒死的皇帝 ………… 222
- 为皇帝编写教材的大臣 …… 224
- 李自成进北京 ……………… 225
- 科技文化 …………………… 226
- 看得见的历史 ……………… 228

清 北京

- 少年康熙智除鳌拜 ………… 232
- 皇位之争 …………………… 234
- 富可敌国的贪官 …………… 235
- 打进皇宫的起义军 ………… 236
- 圆明园的浩劫 ……………… 238
- 一场失败的变法 …………… 240
- 八国联军进北京 …………… 241
- 最后一个皇帝退位 ………… 242
- 科技文化 …………………… 244
- 看得见的历史 ……………… 246

约前 2070 年　　　约前 1600 年

夏 斟鄩（二里头）
Zhēn xún

夏朝是中国历史上的第一个朝代。中国历史从夏朝开始就有了国家，有了朝代，有了帝位从父亲传给儿子、儿子再传给自己儿子的传位方式。要知道，在夏朝之前，可不是这样的。

部落时代

远古时代，有血缘关系的人们成群结队地生活在一起，他们一起采果子，一起猎捕动物，一起开荒种地，一起分享所有的食物，这样以血缘关系结合的人类社会群体被称为氏族。若干个血缘关系接近的氏族结合在一起，形成部落。在一大片地方，生活着好些个部落，部落之间交流往来，建立起合作关系，这些部落就叫作部落联盟。不管是部落还是部落联盟，大家都会推举出一个最有才能的人来当头儿，也就是首领。一些具有杰出才能的首领被大家尊称为"皇"或者"帝"，他们都为部落的人们过上更好的生活做出了很大的贡献。

比如，被称为羲皇的伏羲氏教大家编织渔网捕鱼，带领大家一起打猎，把活捉的动物带回来喂养，等到缺少食物时再宰杀吃肉；炎帝试吃过各种果实、种子、根、茎、叶，分清哪些植物能吃，哪些植物有毒，哪些植物可以治病，他还发明了许多农具，教大家种庄稼；黄帝教大家盖房子，从此，人类告别了到处流浪的游猎生活，在一个地方定居下来。

黄帝和他之后的颛顼（zhuān xū）、帝喾（kù）、尧（yáo）、舜（shùn）被后世的人们尊称为五帝。据说，颛顼是黄帝的孙子，帝喾是黄帝的曾孙，尧是帝喾的儿子。尧年纪大了以后，把部落联盟首领的位子传给了贤能又孝顺的舜；舜年老后，把位子传给了成功治理洪水的大禹。这种制度叫作"禅（shàn）让制"。你最好记住这个词，在后面的几千年间，当有人夺取别人的帝位时，总会对大家谎称，是前面的帝王把位子"禅让"给了自己。

中国历史上第一个朝代

传说尧在位的时候，我们生活的这片大地上发生了一场特别大的洪水。尧派了一个姓姒（sì）名叫鲧（gǔn）的人负责治理洪水。鲧治水用的是筑堤挡水的办法，可洪水哪能挡得住啊。鲧因为失职被杀后，他的儿子大禹继续治水。

大禹采用开渠引流的办法，对洪水进行疏导，从小河流进大河，最后流进广阔无垠的大海。他用了13年的时间，终于彻底征服了洪水。这时，部落联盟的首领早已从尧换成了舜。大禹因为治水有功，被舜指定为继承人。舜帝去世后，大禹当上了部落联盟的首领，建立了夏朝。这一年，大约是公元前2070年。夏朝是中国史书中记载的第一个世袭制朝代，大禹是夏朝的第一位君主。

大禹老了后，也想像当年的尧和舜一样，找个有才能的人来接替自己。可大禹的儿子启有了私心，他想自己当国王。等大禹死后，启赶走了大禹指定的继承人，宣布自己是夏朝的第二任君主。后来，启又把王位传给了自己的儿子。

从夏朝开始确立的这种儿子继承父亲王位、弟弟接替哥哥王位的制度叫作"世袭制"，和之前选举贤能的"禅让制"相比，它最大的特点就是把国家权力牢牢控制在一个家族的手中。原本是天下所有人共有的"公天下"变成了归君主一家人统治的"家天下"。从夏朝一直到100多年前的清朝，世袭制延续了将近4000年。

4000年前的都城

夏朝的疆域包括现在的河南、河北、陕西、山西、山东、湖北等地，河南位于夏朝的中心地带。

大禹建立夏朝时把都城定在哪里，因为年代太久远，历史学家也无法完全确定。根据古代史书记载，加上考古学家近几十年的

制作陶器

建在夯土台基上的宫殿

宫城的夯土版筑围墙

沿着围墙建有长长的带屋顶的走廊。夯（hāng）土版筑是在地面竖起两两对立的木板，在木板之间填进泥土，用木桩一点点砸实，再填进泥土，再砸实，这样一层层建成一道土墙。在古代，不管是建台基、筑城墙，还是建房子的墙壁，经常会用到夯土版筑技术。

铸铜作坊

夏　斟鄩（二里头）

发掘和研究，一些历史学家认为，大禹定都在阳城，大约在现在河南郑州的登封市。大禹的孙子，也就是夏朝的第三位君主太康继位后，把都城迁到了斟鄩，在现在河南洛阳偃（yǎn）师的二里头。从太康直到夏朝的最后一个君主夏桀（jié），斟鄩都是夏朝的都城。

壕沟

都城周围没有建围墙，现在从二里头北边流过的洛河，当年在斟鄩城南边折向东北方流淌，形成一道天然的壕沟。壕沟是人们在村落和城市周围挖掘出的一条深沟，阻止敌人和陌生人贸然闯入。有水的壕沟也叫护城河。

骨制品作坊

玉器作坊

农田里劳作的农民

漆作坊

茅草屋顶

百姓的房子

玩击壤的小朋友

7

夏桀的酒池肉林

夏朝存在了大约 470 年，一共有 17 位君主，最后的这个君主就是中国历史上第一个臭名昭著的暴君夏桀。

据说，夏桀很有才华，长得高大英俊，力大无穷，能赤手空拳和老虎、豹子搏斗。可惜的是，夏桀没有把他的才能用在管理国家上，恰恰相反，他把所有的心思都花在了吃喝玩乐上。他把朝中的大臣们当马骑，一旦有人不乐意，立刻拖出去杀了。他嫌之前的宫殿太简陋，让成千上万的奴隶为他修建了一座高大的宫殿。他还让人挖了一个游泳池般大小的池子，但这池子里装的不是水，而是酒；酒池旁边的林子里，树上都挂着熟肉，夏桀就带着宠臣妃子们在酒池肉林里玩耍。

夏桀不仅挥霍浪费，还经常逼迫人民去为他打仗，百姓们都对他恨之入骨。夏桀称自己像天上的太阳一样伟大，永远不会消失，百姓们却诅咒他说："你这个太阳什么时候会消失？我宁愿和你一起灭亡。"后来，商国的首领汤率领大军打败了人人痛恨的夏桀，夏朝灭亡了。

农历和夏历

小朋友收压岁钱的除夕，吃元宵、猜灯谜的元宵节，划龙舟、吃粽子的端午节，赏圆月、吃月饼的中秋节，这些节日都是中国的农历节日。农历是中国特有的历法，也叫夏历，据说夏朝时就已经有了。

 夏 斟鄩（二里头）

 看得见的历史

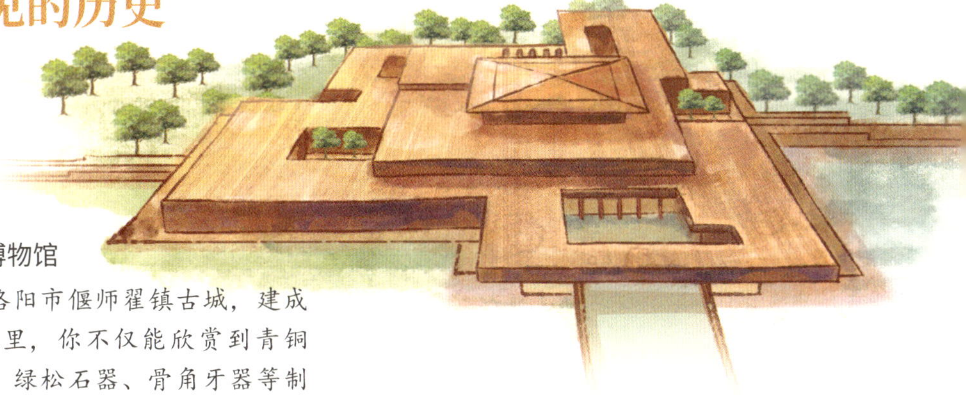

二里头夏都遗址博物馆

位于河南省洛阳市偃师翟镇古城，建成于2019年。在这里，你不仅能欣赏到青铜器、陶器、玉器、绿松石器、骨角牙器等制作于几千年前的夏朝珍贵文物，还能通过复原图亲眼看看这座4000年前都城的模样。

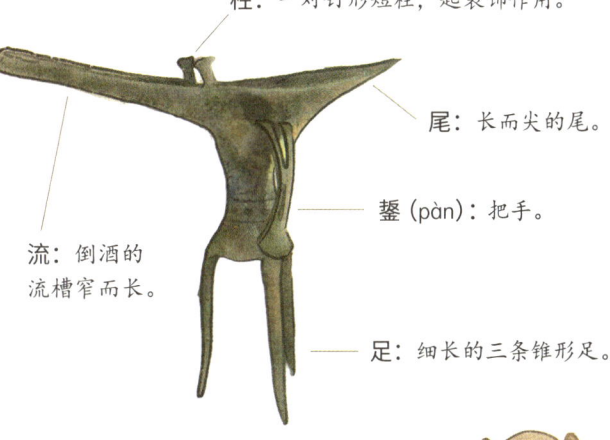

柱：一对钉形短柱，起装饰作用。

尾：长而尖的尾。

鋬(pàn)：把手。

流：倒酒的流槽窄而长。

足：细长的三条锥形足。

乳钉纹青铜爵

夏朝时人们已经能制作出非常精美的青铜器，这个装饰有乳钉纹的青铜爵被称为"华夏第一爵"，是用来装酒、温酒、喝酒的酒具。

骨猴

这只可爱的小猴子是用动物骨头雕刻而成的，只有指甲盖般大小，制作精巧，打磨光滑，是一件贵族墓葬中的随葬品。

网格纹青铜鼎

这是目前已经发现的中国最早的青铜鼎，被称为"华夏第一鼎"，说明我国在夏朝时已经进入青铜时代。

镶嵌绿松石兽面纹铜牌饰

这件盾牌形的铜牌饰只有人脸大小，在青铜牌的弧形框架里用几百片细小的绿松石拼贴成造型奇异的兽面纹，能大致看出触角、鼻子和眼睛，历经3000多年，没有一片绿松石松动脱落。

约前1600年　　　　　　　前1046年

 殷（安阳）

攻灭夏朝的商国最初生活在夏朝的东边，黄河下游一带。商国的祖先叫作契（xiè），他是帝喾的儿子，尧的弟弟。传说，契的妈妈在山下小湖里洗澡时，看到一只燕子飞过来，在湖边的石头上下了一个蛋，她好奇地把鸟蛋整个儿吞了下去，后来就生下了契。

契曾经跟着大禹一起治水，立下了大功，舜帝送给契一个姓——子，还送了他一片土地。子契就在这片土地上建立了一个小国家，叫作商国。当夏桀在酒池肉林里享乐时，商国国王的位子传给了子契的第14代孙商汤。

商汤灭夏

有个成语叫"网开一面"，指对人宽容，给人留一条出路。不过你知道吗？这个成语原本是"网开三面"，说的是商汤的故事。

有一次，商汤到郊外视察时，看到一个捕鸟人在四个方向各支了一张网，嘴里还念叨着："从天上飞下来的，从地面飞上来的，从四面八方飞来的，都到我的网里来吧！"商汤听了，摇着头说："哎呀，这样一来不是把所有的鸟都捉尽了吗？这是残忍的夏桀才会干的事呀。你还是撤掉三张网吧！留下一张网，然后对鸟儿们说，'想往左边去的，往左边飞；想往右边去的，往右边飞；实在不想活了的，就飞到我的网里来吧！'"

很快，这件事就被传开了，人们纷纷称赞商汤，说他对鸟儿都如此仁慈，一定是一个仁爱的好国王。于是，前来投奔他的人越来越多了。

随着越来越多的部落拥护和支持商汤，商国迅速发展壮大起来。夏桀却只顾着自己享乐，他宠信一味讨好他的奸臣，杀了正直敢言的忠臣，又残酷地压榨人民，弄得众叛亲离。商汤趁这个机会，带兵攻打夏朝的重要城市鸣条。鸣条位于现在的什么地方，目前还没有定论，有观点认为是在山西省夏县西边，也有人认为在河南省封丘县。

夏桀带着大军赶到鸣条，两军在这里展开决战。可夏桀手下的士兵都不听他的指挥，双方刚一交战，夏军便兵败如山倒。夏桀逃到了南巢（今安徽省巢湖市），不久后病死在那里，夏朝灭亡。商汤建立起中国历史上第二个朝代——商朝。

厨师当宰相

商汤能够顺利推翻夏朝，建立商朝，为他出主意的伊尹功不可没。伊尹原本是商汤岳父家的一个奴隶。奴隶是一种没有人身自由，像私有财产一样属于主人、供主人任意驱使的人。伊尹作为商汤妻子的陪嫁奴隶来到商汤家，在厨房里做事。

为了引起商汤的注意，伊尹故意把菜做得很难吃。商汤把他叫来问话时，他说："做菜要掌握好火候，各种调料要放得恰到好处，治理国家也是一样的道理，不能操之过急。"商汤看出这个奴隶是个难得的人才，于是解除了他的奴隶身份，还任命他为宰相，让他帮着筹划推翻夏朝的计划，为新建立的商朝制定各种法律。伊尹活了100岁，先后辅佐了5代君王，为商王朝的稳定和繁荣做出了很大的贡献。

没有围墙的都城

商朝称得上是中国历史上最爱迁都的朝代。在商汤推翻夏朝之前,商国就已经给都城搬了八次家。商汤于约公元前1600年建立商朝时,把都城定在亳(bó)。亳地在现在的什么地方,目前还没有定论,有河南偃师、郑州、商丘等多种说法。这之后的300年里,商朝国君们又把都城搬迁了四次。

王陵
商王和王室成员去世后,埋葬在都城外西北面的王陵里,墓里除了精美的随葬品,还有很多殉葬的人、牲畜和车马。

人工挖掘的壕沟

百姓的房子
普通百姓的房子直接在地面上修建。

祭坛
祭祀上天和先祖的地方。

中药材引出的古都

殷都的发现最初只是因为几块小小的中药材。清朝末年,安阳小屯村的农民在耕地时,从地里翻出来一些带有字迹的骨头、龟甲片。而中药中有一种药材叫作龙骨,实际上就是古代动物的骨骼化石,于是这些甲骨被当成龙骨卖给了中药铺。在北京,一位叫王懿(yì)荣的官员去药铺买药时买到了一些龙骨,他仔细研究了上面的字迹,发现这些骨头应该是商代用来占卜的骨头,上面的文字就是商代的文字。这些文字就是汉字最古老的源头——甲骨文。这个发现震惊了全世界。考古学家们来到小屯村,经过多年的发掘,这座3000多年前的都城终于越来越清晰地展现在人们面前。

 商 殷(安阳)

公元前1298年,商朝第五次迁都,商王盘庚把都城迁到了殷(yīn),也就是现在河南省安阳市的小屯村一带,商朝的都城才固定下来。在商朝的众多都城中,最重要的是殷,所以现在人们也称商朝为殷朝、殷商,把这座都城现在的遗址称为殷墟。

盘庚把都城迁到殷时,这里还只是一座小城,经过几代商王的建设,都城的面积扩大到30平方千米,相当于明朝和清朝时半个北京城那么大。不过,这座都城并没有修建城墙。

占卜

商朝人迷信鬼神,在祭祀、打仗、打猎、天气、庄稼收成、生病、生孩子等各种大小事情上都要通过占卜来预测吉凶。占卜时,在清理干净的龟甲、骨头上先钻出一些小孔,再用火烘烤小孔,甲骨上就会出现裂纹,负责占卜的卜官根据裂纹的形状来预测事情的吉凶,并把占卜的结果刻写在甲骨上。正是因为商朝人有着这样的习俗,数千年后人们才能在殷墟发掘出10多万片甲骨,这些甲骨成为研究中国汉字起源、了解商朝人生活的珍贵资料。

宫殿

宫殿建在夯土台基上,是商王处理政事和居住的地方。

奴隶的房子

奴隶住的房子是在地面挖一个圆形或半圆形的坑,支上几根木柱,再在柱子上搭上屋顶。

青铜器作坊

商朝是青铜器发展的鼎盛时期,最大的青铜器作坊能容纳上千个奴隶同时劳动,制作出大量青铜兵器、农具、饮食器皿,包括几百千克重的大型青铜器。

武丁的商朝盛世

在商汤和盘庚之后，商朝君王中最出名的就数盘庚的侄子武丁了。

商汤有个奴隶出身的好帮手伊尹，武丁也有个奴隶出身的宰相傅说（yuè）。武丁小时候经常和平民、奴隶的孩子一起玩耍，因此结识了一个名叫傅说的小伙伴。傅说虽然是个奴隶，却很有学问。武丁长大后继承了王位，这时的商朝已经渐渐衰落，武丁很希望能有一位能干的大臣来辅佐自己，于是想到了傅说。可这时已经不像商汤刚建立商朝的时候了，君王想让一个奴隶当宰相，大臣们一定会群起而反对。

武丁想来想去，想出了一个主意。他对大臣们说，先王商汤在梦中给他推荐了一位贤能的宰相，名叫傅说，并让画师根据他的描述，把傅说的样貌画了出来。大臣们拿着画像到全国各地去寻找，最后在一群版筑城墙的奴隶中找到了武丁要找的人——傅说。武丁马上任命他为宰相。在傅说的辅佐下，武丁把国家治理得井井有条，使商朝再度强大起来。

商纣王的末日

商朝的最后一个君王叫帝辛，后来人们都称他商纣王。商纣王是个像夏桀一样只顾自己享乐，不管人民死活的大暴君。他驱使人民为他修建豪华的宫殿，还在都城之外建了很多花园、宫殿，在花园里养了很多珍禽异兽，天天喝酒玩乐，根本没有心思治理国家。

纣王有个叔叔叫比干，是个忠心、贤能的大臣，因为劝说纣王惹怒了他。纣王说："人人都说你聪明、贤能，我听说贤能人的心有七个窍，我倒要看看你的心到底有几个窍。"于是命人当场把比干的心脏挖出来观看。他还发明了炮烙（páo luò）之刑，就是把一根铜柱子横着架起来，下面生起炭火烧着，然后逼着犯了罪的人光着脚在铜柱上行走。纣王这么残暴，以至于他的亲兄弟都离

商 殷(安阳)

开了他。

西伯侯、九侯、鄂侯是纣王任命的三位重要大臣。九侯把女儿嫁给了纣王，因为这个妃子不讨纣王喜欢，纣王就把她杀了，还把九侯也给杀了。鄂侯看不过，为九侯说了几句话，结果也被纣王杀死了。西伯侯姓姬名昌，是商朝的属国周国的君王，他听说这件事后，背地里暗暗叹息，被人告发，纣王就把姬昌抓到羑（yǒu）里城关了起来。姬昌的手下向纣王献上美女、骏马和金银财宝，纣王这才把姬昌放了。

姬昌回到周国后，推行仁政，寻求贤才，周国的势力逐渐强大起来。姬昌死后，他的儿子周武王联合了众多的小国家，一起攻打商朝。纣王率兵迎战，可是他早已经失去了人心，谁都不愿意替他打仗，排在军阵最前面的奴隶甚至掉转武器攻打商王的军队。纣王逃回宫殿高高的鹿台上，穿上缀满宝石的衣服，放了一把火把自己烧死了。商朝由此灭亡。

科技文化

做生意的商人

商人的祖先发明了牛车和马车，他们用牛马拉着货物，从一个地方运到另一个地方去售卖。商国因为经济的发展渐渐兴盛起来。也正因为这样，我们现在还把做生意的人称为商人。

贝币

商朝买卖东西用的钱是一种用贝壳做的钱，叫作贝币。早期的贝币来自生活在海洋中的一种贝类，称为海贝，后来出现了用青铜、骨头等材料依照海贝的样子制作的铜贝、骨贝等仿贝。通常5个贝币穿成一串，两串共10个贝币称为一朋。商朝的妇好墓中出土了6000多枚海贝。

海贝　　骨贝　　铜贝

青铜器的鼎盛时代

夏朝以前，人们使用的主要是石头做的工具，这段时期称为石器时代。夏朝后，中国进入到使用青铜器的青铜时代。商朝时，青铜器制作发展到鼎盛时期，大量用于祭祀、典礼的礼器，宴会上使用的酒器，打仗用的兵器，生产工具和乐器，都是用青铜制作的。

后母戊鼎

也叫司母戊鼎。甲骨文中"司"和"后"常写成一样，开口都可以朝左或朝右。戊是商王武丁的妻子，后母戊鼎是戊的儿子为母亲铸造的一口鼎，"后"指王后。后母戊鼎高133厘米，重800多千克，是现在已经发现的古代最大、最重的青铜器。鼎身四周铸有盘龙纹和饕餮（tāo tiè）纹。饕餮是传说中一种贪吃的猛兽，形象威严而神秘。商王武丁有多名妻子，他的另一位妻子名叫妇好，也叫辛，妇好墓中出土了和后母戊鼎相似但小很多的司母辛鼎。

👁 看得见的历史

殷墟

位于河南省安阳市区西北小屯村,是商朝后期都城殷都的遗址,2006年被联合国教科文组织列入《世界遗产名录》。现在已建成殷墟博物苑,主要包括殷墟博物馆、殷墟王陵遗址和殷墟宫殿宗庙遗址等处。这里出土了大量的青铜器、带文字的甲骨等珍贵文物。

妇好墓

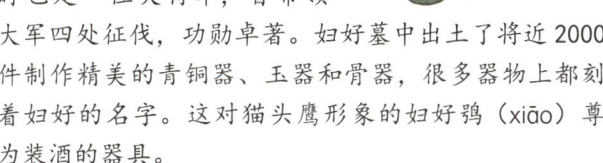

位于殷墟宫殿宗庙区。妇好是商王武丁的妻子,同时也是一位大将军,曾带领大军四处征伐,功勋卓著。妇好墓中出土了将近2000件制作精美的青铜器、玉器和骨器,很多物品上都刻着妇好的名字。这对猫头鹰形象的妇好鸮(xiāo)尊为装酒的器具。

中国文字博物馆

位于河南省安阳市,是我国第一座以文字为主题的博物馆,主馆建筑为殷商宫殿式风格。馆内收藏有4000多件文物,以甲骨、青铜器、简牍、帛书、玺印、石刻等丰富的文字载体,展示了汉字的构造特点和发展演变史。

羑里城

位于河南省安阳市汤阴县,是商纣王关押周文王姬昌的地方,也是我国历史上有文字记载的第一座国家监狱。相传姬昌被关押在这里时,根据伏羲的八卦推演出六十四卦,写成《周易》一书,所以有"文王拘而演《周易》"之说。

17

西周　　　　前 1046 年　　　前 771 年

| 西周 | **Hào**
镐京（西安） |

历史都城
西汉：长安 → 第 50 页
隋：大兴 → 第 126 页
唐：长安 → 第 134 页

　　周国的祖先名叫弃。传说，弃的妈妈姜嫄（yuán）去野外游玩时，看到一个巨大的脚印，她好奇地踩在这个脚印上，想和自己的脚比一比大小。后来，她就生下了一个孩子。姜嫄觉得这孩子来得很奇怪，心里害怕，于是把他扔在窄窄的巷子里。巷子里牛马来来往往，但都小心翼翼地避开了这个小婴儿。姜嫄又抱着孩子想把他扔到山林里，可平时寂静的山林这天偏偏来了很多人。姜嫄又把孩子扔在小河的冰面上，可许多鸟儿飞过来，展开翅膀盖在小婴儿身上，不让他被冻着。姜嫄看到后，觉得这孩子是天神赐给她的，就把他抱回家了，因为原本想扔掉他，于是给他起名叫弃。

　　弃还是小孩子时，喜欢玩种树、种麻、种豆子的游戏。长大后，他最喜欢的就是种地。他能分辨土地的好坏，种的庄稼总是能获得大丰收，大家都跟着他学种地。尧帝听说后，就任命他为农官，负责教全天下的人种地，还封给他一大片土地，赐他姓姬，号后稷（jì）。

　　到了后稷的 12 代孙古公亶（dǎn）父时，他带着族人们迁徙到陕西岐（qí）山下的周原，建起了城市、宫殿，并给这个小国家起名为周，岐邑（yì）就成为周国的第一座都城。

钓鱼的怪老头儿

　　古公亶父的孙子名叫姬昌。古公亶父非常看重这个孙子，他曾经说："我们周国要兴旺强盛，就靠姬昌了。"姬昌没有辜负爷爷的期望。他长大后继承了王位，周国在他的治理下逐渐强盛起来。他尊敬老人，关爱儿童，敬重有才能的人。宽厚仁爱的姬昌和残暴贪婪的商纣王形成了鲜明的对比，很多人都来投奔他。

纣王感到姬昌对他的威胁越来越大，就找了个借口把他抓起来，关押在殷都附近的羑里城。后来姬昌的大臣给纣王送去很多礼物，又请商朝的大臣帮着求情，姬昌才被放回来。

姬昌被放回周国后，更加励精图治，一直想找机会推翻商纣王的统治，但他还缺一位能辅助他完成这件大事的得力帮手。这天，姬昌去城外打猎，看到一个白胡子老头儿坐在渭河边钓鱼，嘴里还念叨着："鱼儿啊，快来咬我的钩呀！"可仔细一看，这老头儿可真是太奇怪啦！他的鱼钩并没有放在水里，而是悬在半空中，而且那鱼钩不是弯的，而是直的，上面连个鱼饵都没有，这样怎么可能钓上鱼来呢？

姬昌很好奇，就下马和这个老头儿攀谈起来。原来呀，这个老头儿名叫姜子牙，他有一肚子的才学，但一直没有施展的机会。交谈之下，姬昌发现姜子牙见识非凡，精通兵法，是个难得一见的人才，于是就带着姜子牙回宫，并请他做了宰相，尊称他为"太公望"。所以说，姜子牙在渭河边钓鱼，其实就是在等着钓上姬昌这条大鱼呢。有句歇后语叫"姜太公钓鱼——愿者上钩"，典故就是从这儿来的。

接下来的几年里，有了姜子牙出谋划策，姬昌攻灭了周围的几个小国家，并在新占领的土地上——现在陕西西安西南边的沣河西岸，建起了一座新都城，叫作丰邑。

周武王灭商

可惜的是，姬昌还没来得及灭商，就生病去世了，他的儿子姬发继承了王位。

姬发下定决心要实现父亲未能完成的心愿。即位后第二年，他向周围各个部落、小国发出通知，约大家到黄河边的孟津（现在的河南省洛阳市孟津区）会盟，一起商量消灭商纣王的计划。到了约定的这一天，总共有800多个部落和小国家的首领带着军队赶来。看到有这么多人支持自己，姬发更加坚定了自己的决心。

公元前1046年，姬发率领300辆战车、4万多名士兵，会合了800多个部落、小国的军队，朝着商纣王所在的朝（zhāo）歌进发。朝歌是商朝的陪都，也就是都城之外的副都城。商纣王在这里筑起高大的鹿台，上面建有华丽的宫殿。姬发带着大军来到朝歌附近时，纣王正在鹿台上喝着酒，欣赏歌舞呢。听说周军逼近，他慌忙集结起70万（另有记载为17万）大军迎战。

这天清晨，姬发在朝歌南面的牧野发动进攻。纣王虽说士兵人数多，可其中大部分都是临时被赶上战场的奴隶，他们根本不想替纣王卖命。战斗刚一开始，排在商军最前面的奴隶们不仅不往前冲锋，反而掉转戈矛向商军发起进攻。商军顿时大乱，士兵们纷纷奔逃。商纣王一看败局已定，赶忙逃回朝歌，还在鹿台上大吃大喝了

20

西周 镐京（西安）

一顿，然后放火自焚而死。当天晚上，姬发率军冲进朝歌，朝歌的老百姓兴高采烈地捧着水、端着饭迎接大军入城。

姬发来到鹿台，朝纣王的尸体射了三支箭，正式宣告了商朝的灭亡。在各个部落和小国的拥戴下，姬发建立了周朝，自称为天子，也就是上天的儿子。姬发因为勇武有谋，被后世称为周武王，他的父亲姬昌则被称为周文王。

封建和诸侯

周武王攻灭商朝后，为了让原先商朝的那些贵族服从周朝的统治，就把商朝都城一带的土地封给了商纣王的儿子武庚，让他在这里建立一个小国家。为了监视武庚，又把他旁边的两块土地分给了自己的弟弟姬鲜和姬度，他们分别建立了管国和蔡国。

周武王还把另一个弟弟姬旦封在现在山东的曲阜（qū fù），建立了鲁国；把姜太公封在现在山东的淄博，建立了齐国。周朝初年总共分封了71个小国家，其中大部分小国的君主都是周天子的弟弟和族人。这种封给大家土地，让他们建立小国家的制度就叫封建制度。这些封地上的领导人被称为诸侯，这些小国家被称为诸侯国。经过多次分封，加上原本就有的小国家，西周时期，大大小小的诸侯国有1000多个。

诸侯又把自己小王国的土地分给手下的卿或大夫去管理。卿大夫的下面，还有负责打仗的武士，称为士。天子、诸侯、卿大夫、士构成了社会的统治阶层，这些人被称为贵族，享有各种特权。

贵族下面是平民百姓，又分为国人和野人。国人是生活在城市里的人，大多是手工业者和商人。野人是生活在农村的人，也就是农民，靠耕种田地为生。

处在社会最底层的是奴隶，主要来源于战争中的俘虏和罪犯。他们没有人身自由，更没有土地和财产，他们本身也像房子、土地一样，是主人的私有财产。主人不仅可以任意驱使他们，还可以把他们当成牛马一样买卖。

两座都城

从现在西安城北边流过的渭河是黄河最大的一条支流，沣河则是渭河的一条支流，从西安西侧流过。周文王兴建的丰邑就位于沣河西岸。周武王把丰邑改建成周文王的祭庙，然后在沣河东岸建了一座更大的城市，称为镐京，这里就是周朝前期的都城。

镐京建有辟（bì）雍，相当于现在的大学。大学里教授的课程有祭祀、奏乐、射箭、驾车，在当时，这些都是贵族必须掌握的技能。除了王室居住的宫殿，城里还有许多手工作坊，城市北部设有集市。都城里有宽阔的街道，用陶管铺设的下水管道，房子已经用板瓦盖屋顶，白灰抹墙面。都城郊外还有专供天子捕鱼、打猎的园林，茂密的林子里野兽出没，百鸟群集，碧波荡漾的水池里游鱼成群。

周公在平定东边管国和蔡国的叛乱后，觉得都城镐京太靠西边

灵囿（yòu）
天子捕鱼、狩猎的王室园林。

灵沼
王室园林中的池塘。

灵台
天子观测天象、祭祀神灵的地方。

周公东征

灭商两年后，周武王就生病去世了。商朝时，君主去世后，君位传给已经成年的儿子或弟弟。到了周朝，天子的位子要传给嫡（dí）长子，也就是天子的妻子所生的最大的儿子。可武王去世时，他的儿子成王还是个小孩子。武王的弟弟、被称为周公的姬旦怕诸侯不服一个小孩子的统治，于是自己暂时代替成王管理国家大事。这样一来，周武王的另两个弟弟姬鲜和姬度就不干了，他们怀疑姬旦是想趁这个机会自己当天子。于是，姬鲜和姬度联合商纣王的儿子武庚，一起造反。为了维护周朝的稳定，周公姬旦率领军队东征，经过三年的战争，才平定了这次管蔡之乱。

西周 镐京（西安）

了，应该在东边再修建一座都城，更好地统治东部的土地。周公经过占卜，把东都定在了洛邑，也就是现在的河南洛阳。新都城建好后，周公让很多原来商朝统治下的百姓把家搬到东都附近，把土地分给他们耕种，又派了两万军队驻守在这里。从这之后，周朝的东部安定下来。

镐京又称为宗周，意思是这个都城是周朝的祖先建起来的；洛邑又称为成周，指这里是周朝建成之后修建的都城。两座都城虽然同时并存，但还是以镐京为首都，洛邑为陪都，天子平时住在镐京，只是偶尔会去东都处理政务。

公元前770年，因为西方和北方的游牧民族经常来侵略，周平王把都城迁到了洛邑。周朝前期的275年，以西边的镐京为都城，所以这段时期被称为西周；后期的514年，以东边的洛邑为都城，这段时期被称为东周。

市场

宫殿　宗庙

辟雍
周天子为贵族子弟设立的大学，为圆形建筑，周围被水环绕。

被赶出都城的君王

周朝的天子之位传了十代后，传到了周厉王姬胡手里。

周厉王是个非常贪财的君王，为了掠夺更多的财富，他制定了一种称为"专利"的政策，就是说全国的山林湖泊出产的物品都归国王所有，百姓不能再去林子里砍柴、采药、打猎，也不能去河里捕鱼。这样一来，可就断了很多人的活路。

全国上下都对周厉王的新政策议论纷纷，更有很多人咒骂君王，周厉王手下很多大臣也不支持他的政策。周厉王没有反思是新政策不好，反倒认为只要禁止人们骂他就行了。于是他派出很多人装成普通百姓，混到各行各业中，一旦听到有谁在议论新政策，或是说他的坏话，就抓起来杀了。这一招实在是太狠了，以至于熟人朋友在路上碰到都不敢交谈，只能互相看一眼以表示打招呼。成语"道路以目"就是从这儿来的。

可是，周厉王能堵住人们的嘴，却堵不住人们心中对他的怨恨。公元前841年，忍无可忍的百姓和一直饱受压迫的奴隶联合起来，冲进了王宫，要杀死周厉王。周厉王慌忙逃出都城，跑到现在山西省霍州市的彘（zhì）地躲了起来，一直到死都没敢回来。这场百姓

西周 镐京（西安）

反抗周厉王的暴动被称为"国人暴动"。

都城里没有了君王，大臣周公（周公姬旦的后代）和召公两个人便代替国王管理国家，这段时期被称为共和时期。他们废除了周厉王制定的一些不合理的政策，才平息了百姓的怒气。

烽火戏诸侯

周厉王死在彘地时，他的儿子姬靖（jìng）已经长大成人，周公和召公让他继承了王位，这就是西周的倒数第二个君王周宣王。

和贪财的父亲不一样，周宣王是个爱打仗的国王。当时的周朝，在国内，平民和奴隶的起义不断，各地的分封国越来越不服天子的管辖；在国家周边，还有很多少数民族不时侵扰。周宣王派出大军四处征战，取得了很多胜利。但打仗的军费要百姓出，士兵要从百姓中抽调，百姓不愿意国家常年打仗，纷纷起来反抗，周朝的统治岌岌可危。

周宣王晚年时亲自带兵出征，结果差点儿全军覆没，自己好不容易才逃了回来，不久后就死了，他的儿子姬宫湦（shēng）继承了王位，这就是周幽王。

周幽王是个只顾自己玩乐，懒得管理国家大事的君王。他有一个妃子叫褒姒（bāo sì），长得非常漂亮，只是有一点，自从她嫁到王宫里来，周幽王从来没见她笑过。周幽王想了很多办法想要逗她一笑，可褒姒脸上连点儿笑的影子都没有。周幽王就说："谁能让褒姒笑一笑，赏给他千两黄金。"有个大臣帮幽王出了个"烽火戏诸侯"的主意。

当时，在镐京附近的骊（lí）山一带建了很多烽火台。一旦有敌人逼近都城，守卫的士兵就在烽火台上点燃烽火，相邻烽火台上的士兵看到了，也赶紧把烽火点燃，就这样一站站传递，敌人来犯的消息很快就能传到很远的地方。周围的诸侯看到了，就会带着大军赶来保卫都城。这天，周幽王带着褒姒登上城楼，派人在烽火台上点燃了火堆。诸侯们一看，哎呀，敌人快打到都城了！于是赶忙

25

带着军队赶往镐京。可等他们赶到后，连一个敌人都没看到。

　　褒姒看到几堆火就引来了千军万马，再看看诸侯们一个个茫然失措的样子，果然微微笑了一下。这下周幽王可高兴坏了，马上赏了那个出主意的大臣千两黄金。诸侯们呢，得知天子只是在逗他们玩，一个个都气坏了。后来，周幽王又多次点燃烽火，但带兵赶来的诸侯越来越少。

　　不久，西边一个叫犬戎的部族真的打到镐京来了，周幽王赶忙命人点起烽火。可这次呀，上过当的诸侯再也不相信周幽王了，没有一个派兵来。犬戎攻进镐京，杀死了周幽王，抢走了褒姒，还把王宫里的珍宝财物抢了个干干净净。

　　现在，我们才游览到中国的第三个朝代，你可能就已经发现了一个有趣的现象：每个朝代的第一个君王或是创业君王，比如大禹、商汤、周文王，都是善良、聪明、勇敢、仁爱的好君王，可最后一个君王如夏桀、商纣，以及葬送了西周的周幽王，往往都是残忍、暴虐或愚蠢、荒唐的坏君王。等看完后面朝代的故事，你更会发现，几乎每个朝代都是这样。你可以想一想，这是为什么呢？

　　诸侯立了周幽王的儿子姬宜臼为君王，他就是周平王。周平王怕犬戎再打过来，于是在第二年把都城迁到洛邑，这就是东周的开始。

西周　镐京（西安）

👁 看得见的历史

周原博物馆

位于陕西省宝鸡市扶风县，在丰镐遗址西北100多里处，是一座在周原遗址上建立起来的博物馆。周文王的爷爷古公亶父在周原营建了周国第一座都城岐邑，修建了宫殿和宗庙。这里出土了毛公鼎、厉王簋等大量珍贵的青铜器，还有青铜马车、西周甲骨等，其中很多文物都收藏在周原博物馆。

丰镐遗址

位于陕西省西安市长安区。丰邑在沣水西岸，为周文王修建；镐京在沣水东岸，为周武王修建，丰邑和镐京合称"丰镐"。丰邑是王室宗庙和园囿的所在地，镐京为周天子居住和处理政事的地方。

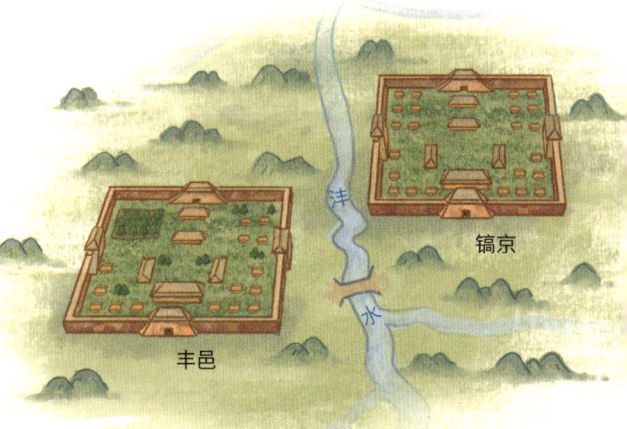

毛公鼎

这口鼎的主人是周宣王的叔叔毛公。鼎内壁铸有近500字的铭文，是已经发现的有着最长铭文的青铜器。宣王刚即位时，请毛公辅助他处理国家大小事务，毛公为了感谢宣王，铸造了这口鼎，把这件事记录在鼎上，传给后世子孙。毛公鼎现在收藏在台北故宫博物院。

厉王簋

簋（guǐ）是古代一种盛装食物的器皿，青铜簋是祭祀时重要的礼仪器物。此簋为周厉王为祭祀先祖而铸造，高59厘米，重60千克，为已经发现的最大的青铜簋，现在收藏在宝鸡青铜器博物院。

	东周	
	春秋	战国

前770年

东周 洛邑（洛阳）

历史都城

东汉：洛阳 → 第64页
魏：洛阳 → 第74页
西晋：洛阳 → 第92页
北朝：洛阳 → 第108页

周平王为了避开犬戎，把都城迁到原来的东都洛邑，标志着东周的开始。洛邑位于现在河南省洛阳市的西部，黄河的一条支流洛河从西南朝东北穿过洛阳市。古代的洛阳城在洛河北边，古人把山的南边、水的北边称为阳，所以得名洛阳。洛河有一条支流叫涧河，东周的首都洛邑就在洛河和涧河交汇的这一片地方。

洛邑包括王城和外城两部分。西边的王城里有周天子居住、处理政事、祭祀的宫殿、宗庙和社坛。东边的外城是贵族和百姓居住的地方，还有各种制作铁器、铜器、骨器、玉器、陶器的作坊，周王室的军队也驻扎在这里。

箭射周天子

郑国是周宣王分封的一个诸侯国，位于现在河南中部，都城在河南新郑，第一位国君是周宣王的弟弟郑桓（huán）公，犬戎攻陷镐京时，他和周幽王一起被杀。他的儿子郑武公因为护送周平王迁都有功，被赏赐了很多土地。

郑武公死后，继位的是他的儿子郑庄公。本来，郑国的几代国君都是周天子手下得力的大臣，帮着周天子管理朝廷大事，但到了周平王的孙子周桓王时，他觉得郑庄公手里的权力太大了，就毫不客气地收回了他在朝廷里的职位。

郑庄公心里气不过，先是趁着麦子成熟的季节，派出上千士兵跑到周朝直接管辖的地盘边境上，把那里的一大片麦子全都割了，装上车运回了郑国；谷子成熟时，又跑到周朝都城郊外，把那里的谷子也割光了。后来，他又打着周天子的旗号，去讨伐另一个诸侯国宋国。按照当时的礼仪，各个诸侯国的国君每年都要去都城朝见天子，路途远的也要三年朝见一次，可郑庄公接连五年都没去过都城了。

这些事情攒在一起，周桓王再也坐不住了。他召集来蔡、卫、陈三个诸侯国的军队，亲自率领着，浩浩荡荡地朝郑国开来。郑庄公也毫不示弱，立刻摆开阵势迎战。那些被迫为天子打仗的诸侯国军队哪有为自己国家打仗的郑军尽心尽力，开战没多久，天子的军队就被打得丢盔弃甲，溃不成军，周桓王只好下令退兵。郑庄公手下的一个将军远远看见天子，竟然拉开弓，一箭射去，正好射中天子的左肩膀。

诸侯国的国君竟然敢跟周朝的天子打仗，还一箭射伤了周天子，这可是了不得的事。事后，郑庄公也很后悔，他担心其他诸侯国会联合起来跟他对立，当天晚上就派人带着牛、羊、粮草到周桓王的军营里去请罪。周桓王当然不想原谅郑庄公，可他也意识到自己的实力比不过郑庄公，只好顺水推舟地接受了和解。

其实，自从周平王迁都洛邑，东周开始后，周天子的势力就已经衰落了，诸侯国的君主们渐渐不把天子放在眼里。"箭射周天子"是一个标志性的事件，说明诸侯已经敢正面挑战周天子的权威。从这之后，周天子在诸侯们心中的地位更是一落千丈。可以说到了东周，周朝的历任天子基本只剩下"天子"这个虚名头了。他们能调动的军队只有数量不多的王军，真正管辖的范围也就是都城附近的一块地方。

抢着当霸主

东周分为两个阶段，从公元前770年到公元前476年是春秋时期。"春秋"这个名字来源于一部记录了这段时间历史的史书《春秋》。从公元前475年到公元前221年是战国时期，这段时间，各个诸侯国之间的战争更频繁、规模更大，所以被称为战国。不过，春秋和战国加起来的历史比东周要略长一点，因为在公元前256年，东周就被秦国灭亡了。在这之后，战国时期还延续了35年，直到公元前221年秦朝统一中国。

春秋时期开始，周天子逐渐失去了控制各诸侯国的实力。这时，一些大国的君主就开始蠢蠢欲动，争着当众多诸侯国里的头儿，这个头儿就叫霸主。其他诸侯国的君主要按时去朝见霸主，向他进献礼物。霸主如果要召集诸侯国间的会议，或派兵打仗，各个国家都要接受调遣。

当时先后称霸的有齐桓公、宋襄公、晋文公、秦穆公、楚庄王，被称为"春秋五霸"。另一种说法认为，"春秋五霸"中没有宋襄公和秦穆公，但有吴王阖闾（hé lú）和越王勾践。

齐桓公

齐国的公子小白在哥哥齐襄公死后，和另一个哥哥公子纠争夺君位，被公子纠的老师管仲射了一箭。这一箭并没有射中小白，但他咬破舌尖，吐出一口鲜血，假装中箭倒地而亡，让管仲和公子纠放松了警惕，自己则抢先赶回齐国都城临淄，即位当上了国君，他就是齐桓公。齐桓公重视人才，也欣赏管仲的忠心，不仅没有杀他，还请他当了宰相。管仲推行了一系列改革政策，使得齐国的国力越来越强。

齐桓公召集各国诸侯会盟，约定大家都要尊重周朝王室，帮助弱小的国家，对付入侵的少数民族。如果哪个国家违反这个约定，大家就联合起来讨伐它。经过多次会盟，诸侯们都承认了齐桓公的霸主地位，齐桓公成为春秋时期第一个霸主。

东周 洛邑（洛阳）

宋襄公

齐桓公死后，齐国发生内乱，宋襄公率领四个诸侯国的军队护送齐国的公子昭回齐国即位。宋国是个小国，军事力量也很弱，可宋襄公凭借这番功劳，想接替齐桓公成为霸主，但很多国家并不买他的账。

宋襄公注重仁义，在与楚国的泓水之战中，坚持要等楚军全部渡过河后再发起攻击，实力本就不如楚军的宋军错失了最佳的进攻时机，惨败而归。

宋襄公虽然没有真正称霸，但他坚守仁义的精神赢得了后世很多学者的尊重，所以也被列为"春秋五霸"之一。

晋文公

晋文公名叫重耳，为了避免在争夺君位的过程中被杀，他带着随从在外逃亡了19年，历尽艰辛。一次赶路时，干粮都吃完了，他们只好向正在路边吃饭的农夫讨吃的。一个农夫捧起一块泥土给他，借此羞辱这个公子哥。重耳的随从却解释说，老百姓送泥土，预示着重耳将来能拥有国土、成为国君。

在楚国，重耳受到了楚成王的热情招待。为了表示感谢，重耳承诺，将来晋国如果和楚国打仗，晋军一定会退避三舍。一舍为三十里，也就是说晋军会后退九十里。

后来在秦国的支持下，重耳回到晋国当上了国君，他就是晋文公。晋文公大大发展了晋国的势力，和南方强国楚国争夺霸权。在晋楚城濮（pú）之战中，晋文公信守承诺，先让晋军后退九十里。晋军见国君这么讲信用，士气高涨，最后打败了楚军。晋文公召集诸侯会盟，成为新一代霸主。

秦穆公

一心想要称霸的秦穆公到处寻访人才，为了不惊动楚国，他按照市场上的奴隶价格，用五张羊皮换来了在楚国当奴隶的百里奚。百里奚又向秦穆公推荐了蹇（jiǎn）叔，秦穆公便任命他们两人为宰相。有了百里奚和蹇叔的辅佐，秦穆公统治下的秦国一天天强大起来。

晋文公死后，秦穆公派出大军三次攻打晋国，前两次都失败了。第三次战争中，秦国将军孟明视率军渡过黄河后，下令烧了渡船，以表示不赢得胜利决不回头的决心，激励士兵奋勇向前。秦军一路上势如破竹，收复了很多之前被晋国抢去的土地。秦国位于中原西边现在的陕西一带，见秦国打败了中原霸主，周围的小国纷纷前来进献礼物，周天子也派使者给秦穆公送来十二面铜鼓，确立了秦穆公西方霸主的地位。

楚庄王

楚庄王是楚成王的孙子，他继位后的三年里，整天喝酒吃肉、欣赏歌舞，根本不管国家大事。大臣伍举说了一个谜语让他猜："京城里有一只非常漂亮的大鸟，整整三年，它不飞，也不鸣叫，大家都觉得很奇怪。您说这是一只什么样的鸟呢？"楚庄王一听就知道伍举是在用鸟比喻自己，于是说："这可不是一只普通的鸟啊！它三年不飞，一旦飞翔就会直冲九天；三年不鸣，一旦鸣叫定会震惊世人。"这就是成语"一鸣惊人"的来历。

不久后，楚庄王果然开始发愤图强，任用贤才，训练军队，几年内就打败了好几个国家。他甚至到周天子的边界上阅兵示威，问天子派来的使臣，都城宗庙里的九个鼎有多重。九鼎象征着国家权力，这就暴露出楚庄王想要取代周天子的野心。"问鼎中原"一词就出自这里。在邲（bì）城一战中，楚庄王率兵打败晋军，成为新的霸主。

东周 洛邑（洛阳）

吴王阖闾

楚庄王的孙子楚平王即位后，听信奸臣的话，杀了太子的老师、伍举的儿子伍奢，伍奢的儿子伍子胥（xū）逃到了吴国。

在吴国，伍子胥结交了一位名叫专诸的勇士，并把他推荐给了吴国的公子光。公子光早就想要从吴王手中夺取王位。专诸把一把短剑藏在鱼肚里，趁着在宴会上为吴王端上烤鱼的机会，突然从鱼肚子里拿出剑刺杀了吴王。公子光当上了吴国的国王，他就是吴王阖闾。

当时的吴国日渐强大，有了伍子胥的协助，阖闾更是大力发展生产，铸造武器，修筑城墙，准备称霸中原。

伍子胥又向阖闾推荐了大军事家孙武。孙武把自己写的兵法书《孙子兵法》献给阖闾，并向他演示如何把王宫里的宫女训练成合格的士兵。在训练过程中，孙武杀了两个不听号令的吴王妃子，让吴王很生气，但他最终还是任命孙武为大将。

几年后，吴王率兵攻打楚国，占领了楚国都城郢（yǐng）都，楚王仓皇逃出都城。伍子胥挖出楚平王的尸体用鞭子抽打，报了当年的杀父之仇。

打败楚国后，吴王阖闾开始攻打南方逐渐强大起来的越国。越国的国王勾践把一批死囚排在阵前，让他们当场挥剑自杀，倒地死去，这样奇怪而残忍的场面让吴军阵脚大乱。越军趁机发起攻击，吴军一溃千里，阖闾也在战斗中受了重伤，没等回到吴国就死了。他的儿子夫差继承了王位。

夫差一心要为父亲报仇，他命人站在宫门口每天质问自己："夫差，你忘了越王杀了你父亲吗？"然后夫差大声回答道："不，我不敢忘！"

越王勾践

吴王阖闾死后三年，夫差带着全国的军队攻打越国，越王勾践满不在乎地率兵迎战。双方在水上展开大战，夫差亲自站在船头擂鼓，全军士气高涨，加上顺风顺水，顶风逆水而行的越军完全不是吴军的对手。越王勾践只好派人去跟吴国讲和，说只要能保全越国，自己愿意给夫差当奴仆，夫差答应了。勾践在吴国待了三年，小心翼翼地服侍夫差，终于赢得了夫差的信任，被放回越国。

勾践回国后，亲自下地种田，发展生产，鼓励百姓多生孩子，给生了孩子的人家送去酒、猪、狗，以示奖励，甚至还会由官府出钱帮生得多的人家抚养孩子。为了不让安逸的生活消磨自己的斗志，勾践平时故意给自己找苦吃。他在屋里挂了一颗苦胆，每顿饭之前都要尝一尝；到了晚上，就睡在柴火堆上。这也是成语"卧薪尝胆"的由来。

这时的吴王夫差却只顾着享受生活，不理国事，伍子胥多次劝他要警惕越国，他不但不听，还派人给伍子胥送去一把剑，逼他自杀了。

10多年后，勾践率兵攻打吴国，经过两次战争，彻底打败吴国。吴王夫差想起伍子胥，又羞愧又后悔，拔剑自杀了，吴国就此灭亡。越王勾践约了各诸侯国前来会盟，成为春秋时期的最后一个霸主。

春秋霸主

霸主	国家	都城	今地
齐桓公	齐国	临淄	山东淄博
宋襄公	宋国	商丘	河南商丘
晋文公	晋国	绛	山西翼城
秦穆公	秦国	雍	陕西宝鸡
楚庄王	楚国	郢	湖北荆州
吴王阖闾	吴国	吴	江苏苏州
越王勾践	越国	会稽	浙江绍兴

孔子办私学

西周初年，周武王把弟弟周公分封在鲁国，周公要留在都城镐京辅佐周成王，便派自己的儿子去管理鲁国，叮嘱他要以礼待人，还让他带去了很多关于礼仪的书，典礼上陈设的礼器、演奏的乐器，等等。后来，周朝的礼仪制度在鲁国很好地保留了下来。

大教育家孔子就出生和成长在鲁国这个礼仪之邦。孔子非常熟悉周礼，主张用道德和礼教来治理国家，创立了儒家学说。在孔子之前，学校都是官府开办的，只有贵族子弟才有接受教育的权利。孔子开办了中国第一家私学，招收学生不分贵贱和贫富。他注重对学生道德品质的培养，主张按照学生的特点定制课程，鼓励学生把学习知识和独立思考结合起来。他教过的学生有约3000人，其中有72个人取得了很大的成就。孔子带着学生们在各个国家间奔走了14年，想要推行他的政治主张，最后却无功而返。

孔子晚年做了很多编辑工作，整理修订了后来被称为"五经"的《诗经》《尚书》《礼记》《周易》《春秋》。其中，《春秋》是我国第一部编年体史书；《诗经》是我国最早的一部诗歌集，收录了从西周初年到春秋中叶500多年间的诗歌305首，被称为"诗三百"。

鲁国的都城在现在的山东省曲阜市，在这里，你现在还能看到孔子的后代居住的孔府，祭祀孔子的孔庙，孔子和他的子孙后代的墓地孔林。孔府、孔庙、孔林合称"三孔"。

战国七雄

西周时期，周天子统治下的这个大国家里，大大小小的诸侯国有1000多个。诸侯国之间常年打来打去，大国家吞并小国家，诸侯国的数量越来越少，到东周初年，还剩下100多个国家。经过春秋时期近300年的战争，战国初年诸侯国只剩下十几个，其中实力较强的有7个，被称为"战国七雄"。

晋国是春秋时期一个实力很强的大国，到了春秋晚期，国君下面的卿大夫各自建立军队，抢占地盘，晋国国君也像周天子一样没了实权。公元前453年,晋国的三个大夫赵襄子、魏桓子、韩康子联合起来,消灭了势力最强的大夫智伯,分了他的土地,接着又把国君的土地也给分了,这一事件被称为"三家分晋"。公元前403年,周天子正式承认了这三个国家,它们就是战国七雄中的韩国、赵国、魏国。

赵武灵王胡服骑射

为了训练出一支强大的骑兵队伍,赵武灵王让士兵们穿上北方胡人(古代对北方少数民族的统称)那样的窄袖短衣和皮靴,练习骑在奔驰的马上射箭,这一改革被称为"胡服骑射"。

商鞅变法

秦孝公时,任用商鞅(yāng)变法(变革法令制度)。为了取得百姓的信任,让大家遵守新法令,商鞅在都城南门立起一根长木头,说谁把木头扛到北门去,就赏他十两金子。围观的人都不相信会有这么好的事。一个胆大的人将信将疑地把木头扛到北门,果然得到了十两金子的赏金。这下人们都相信商鞅是个说话算话的人。为了向中原发展,商鞅变法的内容还包括把都城迁到东边的咸阳。

魏文侯礼贤下士

魏国的第一任国君魏文侯非常尊重人才,善于使用人才。他几次登门拜访贤人段干木,段干木都不肯见他。魏文侯为了表示诚意,放弃坐车,步行去他家,终于见到了段干木。魏文侯的礼贤下士吸引了很多有才能的人来到魏国,魏国成为战国初期最强大的国家。魏惠王时,把都城从安邑(今山西省夏县)迁到大梁(今河南省开封市),所以魏惠王也被称为梁惠王。在两次和齐军的战争中被齐国军师孙膑(bìn)打败后,魏国逐渐衰落。

东周 洛邑（洛阳）

荆轲刺秦

燕（yān）国的太子丹把荆轲送到易水河边，荆轲前往秦国刺杀秦王，没有成功。公元前222年，燕国被秦国灭亡。

燕
● 蓟
（北京）

孟尝君和门客

齐国的孟尝君、魏国的信陵君、楚国的春申君、赵国的平原君被称为战国四公子，他们以供养门客而闻名，每人的门客都在3000人以上。门客们由主人供养，为主人出谋划策。孟尝君被秦国扣留时，靠门客装鸡叫骗开城门，成功逃出秦国。另一个门客冯驩（huān）烧了百姓借钱的借条，为孟尝君收买了人心。

齐
● 临淄
（山东淄博）

韩非子

韩国思想家韩非子是法家的代表人物，他的著作《韩非子》中记录了很多有趣的寓言故事，"自相矛盾""守株待兔""滥竽充数"等故事都出自这本书。

韩
● 郑
（河南新郑）

楚
● 郢
（湖北荆州）

楚国的郢都

楚国建国800多年间曾多次迁都，但不管迁到哪里，都把都城称为"郢"。公元前223年，楚国被秦军攻灭时，郢都在现在安徽的寿县。楚国的郢爰（yuán）是中国最早的黄金铸币。"爰"是一种重量单位，一爰大约相当于现在的半斤。

37

科技文化

诸子百家

春秋战国时期思想文化发展兴盛，形成了众多研究学问的流派，被称为"诸子百家"，其中最出名的有儒家、道家、墨家、法家等学派。各家纷纷写书，彼此间展开辩论，表达和宣传自己的观点，这种热闹激烈的局面被称为"百家争鸣"。

儒家

儒家学派的创始人是生活在春秋后期的孔子。他认为人要有爱心和同情心，主张统治者以德治国。他的学生们把老师说过的话、做过的事记录下来，编成《论语》一书，成为儒家经典之作。战国时期儒家学说的代表人物有孟子、荀子，孔子和孟子合称"孔孟"。

道家

道家主张与自然和谐相处。道家学派的创始人老子与孔子同时代，孔子曾向他请教关于礼的问题。老子的《道德经》只有五千字，是道家思想的重要来源。战国时道家学说的代表人物是列子和庄子。有一次，庄子看着河里游来游去的鱼，对朋友说："你看河里的鱼儿多快乐啊！"朋友却说："你又不是鱼，怎么知道鱼很快乐呢？"庄子说："你又不是我，怎么知道我不知道鱼儿快乐呢？"你觉得他们俩谁说得更有道理呢？

法家

法家主张以法治国，代表人物有通过变法使秦国变强大的商鞅，以及强调要建立君主权威的韩非子。秦孝公死后，商鞅被秦国贵族诬陷谋反，商鞅逃到边关想要投宿时，客舍主人根据商鞅制定的法令，拒绝留宿没有凭证的客人。商鞅最后被秦国杀掉，人们称他是"作法自毙"。

墨家

墨家主张人与人之间平等、相爱，反对战争，提倡节约。创始人墨子生活在春秋末期、战国初期，他很擅长守城。在一次模拟演习中，他凭借守城武器成功打退了鲁班用各种攻城武器发起的多次进攻。成语"墨守成规"的墨最初指的就是墨子。

东周　洛邑（洛阳）

爱国诗人屈原

屈原是我国历史上著名的爱国诗人，代表作有《离骚》《天问》《九歌》等。他原本是楚国的高官，后来被奸臣陷害，被流放到现在的湖北南部、湖南北部一带。公元前278年五月初五，秦军攻破楚国都城的消息传来，屈原跳进汨罗江，以身殉国。人们划着船在江中找他，并投下粽子喂鱼，防止鱼吃屈原的尸体。端午节赛龙舟、吃粽子的习俗即由此而来，流传至今。

木匠祖师鲁班

鲁班是春秋时期鲁国人，他设计制作了攻城用的云梯，据说还发明了曲尺、墨斗、锯子、刨子等做木工活的工具，被奉为木匠和建筑行业的祖师爷。成语"班门弄斧"，是说在鲁班家门口摆弄做木工活用的斧子，这不是在行家面前乱显摆，自不量力吗？

青铜器和铁器

春秋战国时期也是我国青铜器制作的高峰期，出土于湖北随州曾侯乙墓的铜冰鉴是战国时期的冰酒器，中间的夹层用来放冰块，被称为世界上最早的冰箱。战国时期，人们开始用铁制造兵器和农具，铁器的广泛使用大大提高了生产力。

都江堰

都江堰是战国后期秦国蜀郡太守李冰父子在成都平原西部的岷江上主持修建的水利工程，由分水鱼嘴、飞沙堰、宝瓶口等部分组成，既能防止洪水泛滥，又能引水灌溉良田。2000多年来，都江堰水利工程一直发挥着作用，使成都平原成为沃野千里的"天府之国"。2000年，都江堰被列入《世界遗产名录》。

39

看得见的历史

郑国渠

位于陕西省咸阳市泾（jīng）阳县。战国末年，秦王采纳韩国水利专家郑国的建议，派他主持开挖了一条沟通泾水和洛水的河渠，并用他的名字命名为郑国渠。长300多里的郑国渠为周围地区的农田带来了充足的水源，大大提高了秦国的粮食产量，为秦国统一天下打下了经济基础。

周王城天子驾六博物馆

位于河南省洛阳市西工区的东周王城广场，东周王城遗址的东北部，修建在东周大型车马陪葬坑原址上。在车马坑里，发掘出六匹马拉一辆车的遗迹，符合史书上"天子驾六"（天子乘坐由六匹马拉的车）的记载，这是我国第一次发掘出"天子驾六"的实物遗迹。

洛阳王城公园

位于河南省洛阳市西工区，修建在东周王城遗址上。园内周文化区的主体建筑韶乐台仿周朝建筑风格建造，室内陈设有编钟、编磬等乐器，定时演奏韶乐。韶乐由舜帝创制，被夏商周三代帝王定为在国家盛大仪式上演奏的音乐。

纪南城

位于湖北省荆州市，为战国时楚国的都城郢都，汉代以后称为纪南城，在明清荆州古城北边。楚国800多年历史中，有400多年都是以这里为都城。纪南城西北30千米处，有建在楚王陵遗址上的熊家冢（zhǒng）国家考古遗址公园，公园内的楚王车马坑已发掘出40多辆车和100多匹马，包括3辆按礼制只有天子才能使用的六马驾车。

东周　洛邑（洛阳）

临淄齐国故城

位于山东省淄博市临淄区。西周时，齐国国君齐献公把都城迁到这里，因为这座城市紧挨着淄河，所以定名为临淄。这之后直到齐国被秦国攻灭的600多年间，临淄一直都是齐国的都城。战国时期的临淄城大约有35万人，是当时最大的都城。

曲阜孔庙

孔庙是祭祀孔子的祠庙。孔子作为对中国影响最深远的文人，被尊称为"文圣"。历朝历代在全国各地修建的孔庙数以千计，其中最早、最大的孔庙就是位于孔子家乡的曲阜孔庙，始建于公元前478年，现在看到的大部分建筑为明清时期建造。1994年，曲阜孔庙和孔林、孔府一起被列入《世界遗产名录》。

武灵丛台

位于河北省邯郸市中心丛台公园内，始建于战国赵武灵王时期，是赵王检阅军队、观赏歌舞的地方，现在看到的建筑为清朝时修建。丛台公园西南方，还有赵邯郸故城和赵王城遗址公园。

郑韩故城

位于河南省新郑市。春秋初年，周朝把都城迁到洛阳后，郑国也把国都从陕西往东迁到了这里，为了区别于原来的旧郑国，取名为新郑。战国时期，韩国消灭郑国后也把都城定在新郑，两国先后在此建都长达500多年。这里出土了一块可能是立于韩国太庙中的尖头无字石碑，被称为"中华第一碑"。

秦 咸阳

从公元前230年到公元前221年，秦国在十年之内先后消灭了韩、赵、魏、楚、燕、齐六国，结束了春秋战国时期500多年诸侯纷争的局面，建立起一个统一的国家——秦朝。

统一的国家

秦王嬴政统一中国后做的第一件事，就是要给自己起个响亮的名号。如果还像过去一样称王，那跟以前六国的国王有什么不同？自己取得的成就可比他们大多了。古时候有天皇、地皇和泰皇三皇，还有黄帝、尧帝、舜帝等五帝，嬴政认为自己的功绩连三皇五帝都比不上，于是取皇、帝二字，合成"皇帝"这个称号。嬴政是第一个皇帝，叫作始皇帝，后来人们称他为秦始皇。秦始皇是中国历史上第一个皇帝。

秦始皇吸取了周朝的教训，不再分封小国家，而是把全国划分成36个郡（jùn），郡下面设县，由中央朝廷任命郡守、县令去管理。

战国时期的文字形体很混乱，同一个字在不同的国家会有不同的写法。现在天下统一，朝廷颁布的政令，郡县写给朝廷的报告，如果还各写各的字，彼此之间都看不懂。秦始皇下令统一了字形，规定"小篆"为全国统一使用的标准字体。

另外，原先各国都有各自的货币，形状、大小、重量、价值都不一样，没法通用，秦始皇宣布废除各国的旧货币，统一使用每个重半两的圆形方孔铜钱。还有量布的尺子、量粮食的升斗、称重量的秤，各国的标准都不一样，秦始皇又统一了这些称为"度量衡"的计量标准。原先各国的道路有宽有窄，马车有大有小，秦始皇下令修建了从都城咸阳通往全国各地宽近70米的驰道，跑在路上的马车像现在在铁轨上跑的火车一样，两侧轮子间的距离也是固定的。

战国时期，北方的秦、赵、燕等国在边界上修建城墙，阻挡北方、西方的游牧民族入侵。秦始皇统一中国后，调集40万人修长城，把原先分散的城墙连接起来，成为一条西起临洮（táo）、东到辽东的万里长城。在接下来两千年里，长城成为中国北方一道重要的屏障。

经过方方面面的统一，全国各地的交流越来越顺畅，大大促进了经济、文化的发展。

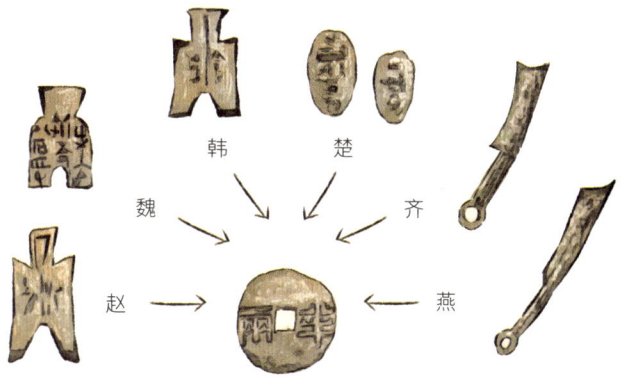

焚书坑儒

不仅文字、货币要统一，思想上也要统一。秦始皇确立的种种新制度遭到很多人反对。一些儒生，也就是读书人，凭着古代书籍上关于如何治理国家的记载，说秦始皇不应该这样、不应该那样。秦始皇一怒之下，下令把全国百姓手里的书都收上来，一把火给烧了，只留下了那些讲医药知识、种树等跟思想意识没有关系的书。这次烧书使得秦朝之前的大量珍贵书籍从此消失了。

烧书的第二年，两个替秦始皇求不死药的方士（古代自称能寻访神仙、炼制丹药使人长生不老的人）不光在背后说他的坏话，还拿了皇帝给他们的钱财跑了，另外还有很多读书人都对秦始皇烧书的事议论纷纷。秦始皇知道后，派人在咸阳暗查，总共抓了460多个有嫌疑的方士和儒生，把他们处死后挖了个大坑给埋了。

宫殿林立的咸阳城

春秋战国时期，秦国定都时间最长的都城在现在陕西宝鸡的雍城。秦孝公的父亲秦献公时，把都城迁到位于现在陕西西安东北边的栎（yuè）阳。公元前350年，秦孝公把都城迁到了咸阳。

"城郭"一词，城指内城，郭指外城。君王的宫殿在内城，外城则是贵族、官员和普通百姓住的地方。大多数外城把内城包裹在里面，也有的内城和外城紧挨着。咸阳城的整体布局坐西朝东，城郭相连，西边是小城，东边是大郭，东门是都城的正门。我国古代有在宫殿、城池等重要建筑正门前立阙（què）门的传统，秦始皇还给秦朝立了一个阙门，这个阙门远在咸阳两千里之外的大海边，在现在江苏连云港南边，称为秦东门，正对着咸阳城的东门，两者差不多在同一纬度上。

秦始皇在攻灭六国的过程中，每消灭一个国家，就按照这个国家宫殿的样式在咸阳城北部也建造一座宫殿。秦始皇统一中国后，继续以咸阳为秦帝国的都城，在周围营建了大量宫殿，总共有270多座。几年后，秦始皇又在渭河南边的上林苑新建了一座庞大的朝宫作为主宫殿。据说，宫殿区内可同时招待10万人，侍从坐着车子给客人们上酒，骑着马给客人们分烤肉。朝宫的前殿名叫阿房宫，所以这片宫殿群也被称为阿房宫。

正因为秦始皇修建了大量宫殿，大大扩展了咸阳城的范围，所以我们现在看到的秦都咸阳的许多古迹在近旁的西安境内。

咸阳名字的由来

古代把山的南边、水的北边称为阳，山的北边、水的南边称为阴。我国有很多带有阳、阴的地名，这些地方多半都在山或河的南边或北边。如湖南衡阳在衡山的南边，河南洛阳古代在洛河的北边，陕西华阴在华山的北边，河南汤阴在汤河的南边。

咸阳在九嵕（zōng）山的南边、渭河的北边，无论是看山还是看水，这座城市都是阳，所以叫作"咸阳"。"咸"是"都"的意思。

秦 咸阳

指鹿为马

秦始皇统治着这么大一个统一的国家，宫殿又那么豪华漂亮，现在他最大的愿望就是能一直活下去。他派出几拨人去往东边大海，想向海岛上的神仙求取吃后能长生不死的仙药。可世界上哪有神仙和不死药啊！派出去的人都一去不回，秦始皇也只活了49岁，死在了巡游途中。

秦始皇的大儿子扶苏勇武能干，当时正带兵驻守在长城边。秦始皇临死前写遗嘱，让扶苏赶紧回咸阳继承皇位，可奸臣赵高藏下了遗嘱，帮秦始皇的小儿子胡亥登上了皇位，这就是秦朝的第二代皇帝，称为秦二世。

秦二世对赵高非常感激，让他当了丞相，把国家大事都交给他去管理。可赵高还不满足，他想要自己当皇帝。为了试探朝廷里有多少官员是站在自己这边的，这天上朝的时候，赵高牵了一头鹿到朝堂上，对秦二世说："我特意寻了一匹骏马来献给陛下。"秦二世诧异地说："丞相是在开玩笑吗？这分明是一头鹿啊！"赵高说："陛下您看岔了，这是马，不信您问问大家。"朝堂上大多数人都顺着赵高说是马，但也有一些正直的大臣坚持说是鹿，赵高暗暗记下这些人的名字，事后把他们全都给杀了。从这之后，朝廷里再也没人敢跟赵高作对了。

然而，此时的都城之外，各地的农民起义运动如火如荼，不仅赵高没能实现当皇帝的梦想，统一的秦王朝也仅仅存在了15年就灭亡了。

大泽乡起义

就在秦二世登上皇位的第二年，在蕲（qí）县大泽乡（在今安徽省宿州市东南），因为大雨冲毁了道路，900多名农民被阻隔在这里。他们原本是要到现在北京的密云去戍（shù）守长城，因大雨所阻没法按期赶到密云。按照秦朝的法律，误期是要被杀头的。反正前面只有死路一条，不如铤而走险，团结起来反抗秦王朝，兴许还有一条活路。于是，在陈胜、吴广的带领下，他们杀了押送他们的军官，正式起义。这是中国历史上的第一次农民大起义。

这些年来，因为秦朝的法律严酷，秦始皇又没完没了地调集百姓去为他打仗、修长城、挖运河、建宫殿、修陵墓，百姓的日子过得很艰难，大家早就想起来反抗了。陈胜、吴广起义的消息传开后，附近的百姓纷纷拿起平时干农活用的锄头、耙子、镰刀赶来加入起义军。起义队伍迅速壮大，陈胜手下的一支军队最后一直打到了离咸阳只有100多里的地方。可惜的是，起义军最后还是被秦军打败，陈胜、吴广也被部下杀害。

秦 咸阳

🏯 火烧咸阳城

陈胜、吴广起义拉开了全国范围内反秦起义的序幕。各地农民纷纷发动起义，被秦朝攻灭的六国贵族也想抓住这个机会推翻秦朝的统治，重建国家。在众多的起义军队伍中，实力最强的两位领袖要数原先是楚国贵族的项羽和平民出身的刘邦。

在巨鹿之战中，项羽带领楚军渡过漳河后，砸破了煮饭的锅，凿沉了渡河的船，用这种破釜沉舟的方式激励将士们勇往直前，绝不后退。楚军打败了秦军的主力，但最先进入咸阳城的却是刘邦的队伍。这时秦二世已经在赵高的逼迫下自杀，新继位的秦王子婴向刘邦投降，秦朝灭亡。而项羽正带着40万大军在赶来咸阳的路上。只有10万军队的刘邦虽然舍不得咸阳城里的豪华宫殿、金银财宝，但出于对项羽的畏惧，还是退出了咸阳城。

项羽来到咸阳后，先是杀了秦王子婴和秦国的贵族、官员，派军队在城里大肆抢劫，接着又放火烧了宫殿，大火接连烧了3个月，咸阳城里连绵成片的宫殿被烧成了一片废墟。

项羽封自己为西楚霸王，又封了一些起义军将领和六国旧贵族为王，其中刘邦为汉王。这之后，西楚霸王项羽和汉王刘邦打了4年仗，这就是"楚汉战争"。这场战争以刘邦取胜、项羽自杀而告终。

看得见的历史

秦咸阳宫遗址博物馆

位于咸阳市渭城区，建在咸阳的宫殿遗址上。馆内展示有咸阳宫殿遗址出土的陶下水管道、壁画龙纹空心砖、瓦当（古代建筑物盖在屋檐边的瓦片的头端，多为圆形或半圆形，上面装饰着文字和图案）等大量文物。

秦始皇陵

位于西安市临潼（tóng）区城东5千米处的骊山北麓。秦始皇继位当年就开始修建自己的陵墓，统一中国后，更是调集了几十万人修陵墓，总共用了39年才修建完成。陵墓土丘接近方形，顶部平坦。据史书记载，陵墓内部建有宫殿楼阁，藏有无数奇珍异宝，水渠里灌上水银，象征着江河湖海。为了防止陵墓被盗挖，里面还设置了很多机关。1987年，秦始皇陵及兵马俑坑被列入《世界遗产名录》。

秦 咸阳

秦始皇兵马俑博物馆

秦始皇陵兵马俑坑在秦始皇陵东约 1.5 千米处，被称为"世界第八大奇迹"。1974 年，当地几个农民打井时挖出了几块陶片，这个在地底埋藏了 2000 多年的庞大军团得以重见天日。兵马俑坑由一号、二号、三号坑组成，共有陶俑、陶马 8000 多件，包括手拿弓弩的立射俑和跪射俑；在战车上作战的车兵俑，驾驶战车的驭（yù）手俑，战车前驾有四匹真马般大小的陶马；身穿短小轻便的衣服，牵着陶马的骑兵俑；穿着战袍或铠甲，手拿各种青铜兵器的武士俑，还有各级军吏俑、将军俑等。陶俑有真人般大小，平均身高约 1.8 米，数千个陶俑长相各不相同，都是按照不同的士兵原型塑造而成。

制坯 (pī)：用黏土分别制成兵俑头部、躯干、双手和靴子的粗坯，空心的躯干由黏土条一圈圈盘塑而成。

雕刻：在粗坯上涂上一层细泥，以士兵为原型雕刻出生动的细节。

上色：各个部件阴干后入窑烧制，出窑后组装起来，给陶俑涂上各种鲜艳的颜色。兵马俑原本都是彩色的，出土后遇到空气颜色氧化脱落，在几分钟内迅速消失，才变成现在灰突突的样子。

49

西汉 长安（西安）

历史都城
西周：镐京 → 第18页
隋：大兴 → 第126页
唐：长安 → 第134页

秦始皇自称始皇帝时，想的是将来继承皇位的子孙后代以世来计数，二世、三世、四世，一直这样无穷无尽地传下去。但他不会想到，秦朝在他死后仅仅4年就覆亡了，皇位才传到秦二世。他更不会想到，后来建立大汉王朝取代大秦帝国的人，只是他庞大国土上一个小小的亭长。

从亭长到开国皇帝

汉朝的开国皇帝刘邦最初是秦朝沛（pèi）县的一个亭长。沛县在现在的江苏徐州西北部，亭长是一种比乡长还小的小官。刘邦的工作内容包括押送民夫去修建阿房宫、骊山墓，在都城咸阳，他碰到过秦始皇出巡的场面。看到秦始皇坐在精美豪华的马车上，卫兵们前呼后拥，刘邦很羡慕地说："大丈夫就应该这样！"

后来，他押送民夫去骊山时，一路上民夫们都快偷偷跑光了，他干脆把剩下的人给放了，自己也准备逃走。有十几个民夫看他这么讲义气，都愿意留下来跟随他。晚上，他们经过一片沼泽地时，一条大白蛇挡住了他们的路，刘邦拔出宝剑，把那条蛇斩成了两段。后来赶过来的人看见一个老太太坐在蛇旁边哭，她说："我的儿子是白帝的儿子，他变成一条蛇躺在路中间，结果被赤帝的儿子杀死了。"听了这话，那些跟随刘邦的人都相信他不是普通人，对他更加死心塌地，前来投奔刘邦的人也越来越多了。

陈胜吴广起义后，刘邦带着这帮人杀了沛县的县令，开始起兵反秦。刘邦善于用人，他身边集结了萧何、张良、陈平、韩信、樊哙（kuài）等一大批谋臣、武将，实力也渐渐强大起来。三年后，他率领队伍首先攻进咸阳，被项羽封为汉王。公元前202年，刘邦打败了项羽，建立了汉朝，历史上称为西汉，刘邦就是汉高祖。从秦朝的小亭长到西汉的开国皇帝，刘邦只用了八年时间。

成也萧何，败也萧何

张良、萧何、韩信这三个人都是西汉的开国功臣，被称为"汉初三杰"。刘邦曾经说："要论出谋划策，我不如张良；要论安抚百姓，供应军粮，我不如萧何；要论带兵打仗，我不如韩信。我之所以能夺取天下，当上皇帝，主要靠他们三个人。"

韩信最初来投奔刘邦时，并没有得到重用，但刘邦的同乡和谋士萧何却看出他是个难得的将才。刘邦被封到偏远的汉中地区当汉王后，手下好多将领一看刘邦难有出头之日，都偷偷跑掉了。萧何听说韩信也跑了，赶紧骑上马连夜追赶，把韩信追了回来，又在刘邦面前大力举荐，刘邦这才任命韩信为大将。

这之后，韩信打了很多场大胜仗，为刘邦建立汉朝立下了大功。但刘邦当上皇帝后，总担心这些当年和自己一起打拼的兄弟想要抢自己的皇帝宝座，于是开始找各种借口，一个个除掉这些功臣。对于韩信，刘邦心里一直怀疑他想要造反，不仅收了他的兵权，还降了他的职。后来，萧何和刘邦的皇后吕雉（zhì）一起密谋，把韩信骗进长乐宫的钟室里杀掉了。所以后来人们称韩信是"成也萧何，败也萧何"。

汉都长安

刘邦建立汉朝后,把都城定在长安,位于现在陕西西安的西北部。汉代的长安城紧挨着秦朝的都城咸阳,西汉的长乐宫就是在秦朝宫殿的基础上建成的。

刘邦的儿子汉惠帝征集了10万民夫用黄土夯筑起高12米的城墙。城墙全长25千米,城墙外是宽8米的城壕。长安城的整体形状像切掉了西北和东南两个角的正方形,四面各有3座城门,城门上建有城楼。东墙的城门为正门,其中最北边的宣平门是主要城门。

几大片宫殿区占去了城内三分之二的面积。西南部是皇帝居住和处理政事的未央宫,东南部是太后居住的长乐宫,这两组宫殿之间有存放兵器的武库。官员们办公的地方在都城最中间,居住的府邸在北边。都城的西北部分布着东市和西市。普通市民住在都城东北部,居民区周围有封闭的围墙,居民晚上不能在大街上行走。大规模的居民区则分布在城外北面和东北面。

到刘邦的曾孙汉武帝时,在长乐宫北面建了明光宫,未央宫北面建了桂宫。又在城外西边的上林苑建起了更庞大的建章宫,上林苑南边还开凿了昆明池,用来训练水军在水上作战。

长安城是当时世界上最大最繁华的都城,也是中国历史上第一个国际化大都市,各国商旅、使节往来于城中。

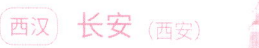

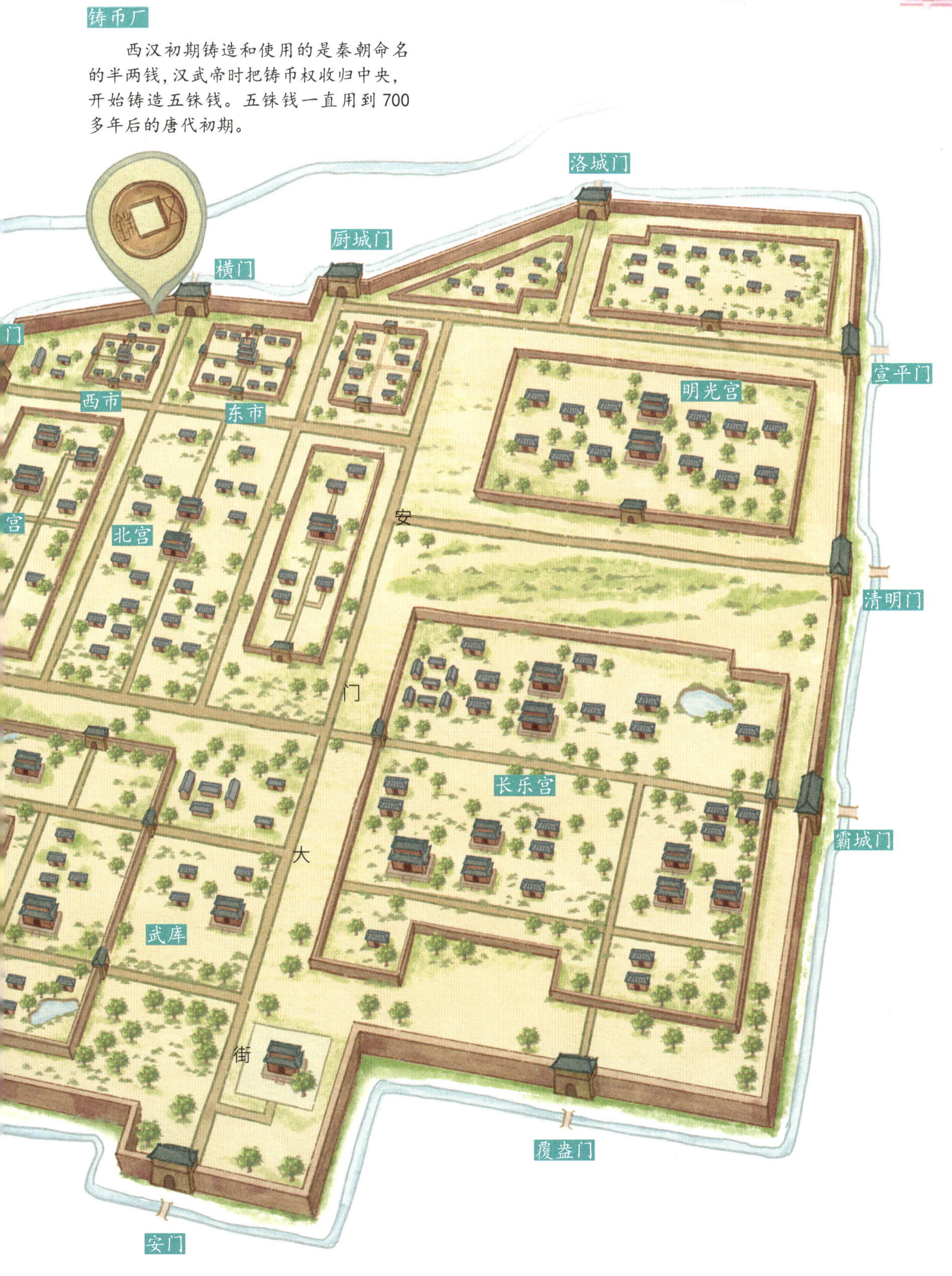
铸币厂

西汉初期铸造和使用的是秦朝命名的半两钱，汉武帝时把铸币权收归中央，开始铸造五铢钱。五铢钱一直用到700多年后的唐代初期。

洛城门
厨城门
横门
门
西市
东市
宣平门
明光宫
宫
北宫
安
清明门
门
长乐宫
霸城门
大
武库
街
覆盎门
安门

文景之治

刘邦死后，继承皇位的是他的儿子汉惠帝。汉惠帝性格软弱，他的母亲吕后一心想要夺取国家大权，先后杀了他的四个兄弟。汉惠帝非常伤心，没过几年就死了。吕后立了个小皇帝当傀儡（kuǐ lěi），自己行使皇帝的权力，封侄子们为王侯，一时之间，汉朝成了吕家的天下。

吕后死后，太尉（全国最高军事长官）周勃联合大臣和将军们，在未央宫前抓了吕后的侄子吕产，把他杀了，接着又除掉吕氏家族的其他人，立了刘邦的儿子刘恒当皇帝，他就是汉文帝。

汉文帝是个勤政爱民的好皇帝。为了鼓励百姓种地、织布，发展生产，每年春天，他亲自带着官员们到长安郊外去耕地，还让皇后在皇宫的园子里种桑树，用桑叶养蚕，用蚕丝织布。他又让官府出钱出物，救济那些无儿无女的老人和没有父母的孤儿。家里有八九十岁以上老人的，不仅可以少交税，老人们每月还能领到官府发的粮食和肉。

有一年，一个叫淳于意的小官因为犯法被判处肉刑，押到长安城来受刑。肉刑是指各种断残肢体的刑罚，这些刑罚可比把犯人关在牢房里可怕多了。淳于意的女儿淳于缇萦（tí yíng）给汉文帝写了一封信，希望能免除父亲的肉刑，自己情愿去官府做奴婢。她在信中说："人死之后不能重新活过来，一个人如果受了肉刑，即使他能改过自新，身体也没法恢复原样了。"汉文帝看了信后，觉得这个小姑娘不仅有孝心，说的话也很有道理，不仅赦免了淳于意

西汉 长安（西安）

的肉刑，还下诏废除了肉刑。

汉文帝和他的儿子汉景帝统治的40年里，人民生活安定，经济也得到了很大发展，这段时期被称为"文景之治"。"治"是安定、太平的意思。

被弃市的晁错

长安城的北部有两个市场，东边的叫东市，西边的叫西市。在古代，有一种死刑叫作"弃市"，就是在城里人最多、最热闹的地方对罪犯执行死刑，并把尸体扔在市场上示众。长安城的东市是犯人弃市的地方。汉景帝时，朝廷官员晁（cháo）错在东市被处决。

汉高祖刘邦封了9个皇族子弟到各地的诸侯国去当王，到汉文帝时，这些小王国已经有20多个了。有些王国的势力逐渐发展壮大，诸侯就不甘心只当个小国王了，他们想要当皇帝。

汉景帝即位后，在御史大夫晁错的建议下，下令削减诸侯国的领地。吴王刘濞（bì）本来就和汉景帝有过节。汉景帝还是太子时，和刘濞的儿子下棋时发生争执，失手打死了他。刘濞就已经不按照惯例来长安朝见皇帝，准备着造反了。现在一看汉景帝还要削减自己的领地，干脆联合了另外六个王国一起造反，这就是历史上有名的七国之乱。七国打出"诛晁错、清君侧"的口号，要求杀了晁错。汉景帝为了平息战火，只好在长安城里斩了晁错，但七国并没有休战。三个月后，大将军周亚夫率领大军打败七国联军，平定了这场叛乱。

从长安通往罗马的丝绸之路

　　西汉的都城长安是和当时欧洲罗马帝国的首都罗马一样热闹繁华的大都市。有一条路从长安出发，一路向西，最后抵达罗马，这条路就是著名的丝绸之路。

　　当时，在长城北边的大草原上，生活着一个名叫匈奴的游牧民族。匈奴人不种地，也没有固定的居所，以放牧牛羊和捕猎为生。他们经常袭击汉朝北部边境，抢夺财物。汉朝初年，汉高祖刘邦甚至被匈奴骑兵在白登山围困了七天七夜，后来给匈奴人送去很多贵重的礼物，才被放回来。接下来的几十年里，汉朝一直都是靠给匈奴人送礼物，把公主嫁给匈奴首领，来避免大战的爆发。

　　到汉景帝的儿子汉武帝刘彻时，国家已经非常富强。为了对付擅长骑在马上打仗的匈奴人，汉武帝一面令人养马、训练骑兵，一面想联合西边的大月氏一起对付匈奴。汉朝的西边，现在甘肃玉门关、阳关以西的新疆和中亚这一大片地方当时被称为西域。汉武帝派官员张骞出使西域，去和大月氏联络。

　　张骞在往返途中都被匈奴人扣留，找到机会才逃出来，等回到长安时已经是13年之后了，他没能说服大月氏和汉朝联合，却有了很多意外的收获。张骞到了很多国家，知道有的国家出产珍贵的汗血宝马，有的地方盛产珠宝。最重要的是，他让汉朝和这些小国家建立起联系，并打通了一条从汉朝通往西方的商路。从这之后，西域出产的葡萄、石榴、蚕豆、大蒜、核桃等传入汉朝；汉朝出产的丝绸等货物通过这条路运送到亚洲中部、西部各国，最远到达欧洲的罗

西汉 长安（西安）

马。这条路后来就被称为"丝绸之路"。

汉武帝时，李广、卫青、霍去病等一大批骁勇善战的将军率领汉朝军队多次打败匈奴，把他们赶到西北方很远的地方，原先臣服于匈奴的众多小国纷纷向汉朝称臣。后来，汉武帝又两次派兵远征西域的大宛（yuān）国，花费巨大代价从那里获得了汗血宝马。汉武帝还派出大军四处征战，东北方征服了朝鲜，南方一直打到了现在的越南，大大扩展了中国的版图。汉武帝之所以被称为"武帝"，也正是因为他靠武力征伐，使汉朝的疆域比以往任何一个朝代都大。现在中国人数最多的民族汉族，我们使用的文字汉字，都是因为汉朝而得名。

庙号、谥号和年号

中国古代的皇帝大多都有自己的庙号、谥（shì）号和年号。

庙号是指皇帝死后，被供奉在皇帝的祖庙太庙里时起的名号。庙号常用"祖""宗"二字，比如刘邦的庙号是太祖，汉武帝刘彻的庙号是世宗。

谥号也是皇帝死后才取的，是对皇帝的总体评价，可以分为褒和贬两大类。文、武、明、宣等是褒谥，如汉文帝刘恒、汉武帝刘彻、汉明帝刘庄、汉宣帝刘询；厉、灵、炀等是恶谥（含贬义的谥号），如与民争利的周厉王姬胡，卖官敛财的汉灵帝刘宏，残暴的隋炀帝杨广。谥号周朝时就已经有了。除了天子和皇帝，诸侯、贵族、大臣死后，朝廷也会给他们取谥号，比如宋朝大将军岳飞的谥号为"武穆"。

年号是皇帝用来纪年的名号。汉武帝是中国第一个使用年号的皇帝。他继位的第二年，也就是公元前140年，年号为"建元"，这一年就是建元元年，下一年是建元二年。明朝之前，大多数皇帝都有几个年号，遇到大事就改一次年号，又从元年开始算起，称为"改元"。明清时的皇帝只有一个年号，人们也常用年号来称呼皇帝，比如明朝的万历皇帝、清朝的乾隆皇帝，万历、乾隆都是年号。

短命的新朝

汉武帝四处征战，虽然开拓了疆土，但国家连年用兵，耗费了大量的人力财力。从汉武帝之后，西汉开始走下坡路。

在封建王朝时代，皇太后、皇后的亲戚被称为外戚。当皇帝的实力比较弱小时，就要倚重这些亲戚，这样一来，外戚就逐渐掌握了国家实权。到了汉成帝的时候，他的母亲，也就是皇太后王政君有一个侄子叫王莽，这个人野心很大。王莽年轻的时候办事谨慎，生活简朴，对人恭敬有礼，朝廷官员们对他的评价都很高，他的官职也不断提升。

汉成帝的继任者汉哀帝死后，王莽先是立了9岁的汉平帝，后来又把女儿嫁给他，成了皇帝的老丈人。可等小皇帝长大些后，王莽发现这个小孩越来越不好控制，干脆用毒酒毒死了他，又找了个两岁的孩子当皇太子，自己则成为掌管国家大权的"假皇帝"。"假"是代理的意思。

公元9年，王莽声称自己接受汉皇室的"禅让"，正式宣布自己为皇帝，并把朝代名改为"新"。他派人闯进王政君的宫殿，逼她交出代表着皇帝权力的传国玉玺。王政君到这时才看清侄子的真面目，她愤怒地说："你们要改朝换代，就应该自己去做个新玉玺，干吗还要这亡国的玉玺？"说完把玉玺扔到了地上。

王莽当上皇帝后，实施了一系列不得人心的改革，又派兵征伐周围的小国，百姓苦不堪言。这一年又遇上了旱灾和蝗灾，到处都有人饿死，走投无路的农民只好纷纷起义，其中人数最多的是来自湖北绿（lù）林山的绿林军，还有山东一带把眉毛涂成红色作为标记的赤眉军。汉高祖的九世孙、汉景帝的后代刘秀也加入起义军队伍。他以自己的皇族身份赢得了大家的拥戴，在昆阳之战中，以1万多人的兵力打败了王莽的42万大军。

公元23年，起义军攻进首都长安，长安城里的市民和起义军一起围攻王莽的宫殿。王莽逃到建章宫太液池中的渐台上。起义军攻破宫门后，冲上渐台杀死了王莽。新朝的统治仅仅延续了15年就灭亡了。起义军攻破长安后,在城中烧杀抢掠,加上缺少粮食,城里死了几十万人,长安几乎成了一座空城。

两年后,刘秀在现在河北省高邑县的鄗(hào)城称帝,重新建立了汉朝,不久后把都城定在洛阳。洛阳在长安的东边,所以历史上称刘秀建立的汉朝为东汉,之前的汉朝则叫作西汉。这一点和周朝很相似:西周的都城在镐京(西安),东周的都城在洛邑(洛阳)。

科技文化

独尊儒术

和"焚书坑儒"的秦始皇恰恰相反，西汉的皇帝非常重视孔子创立的儒家学说，并用儒家的政治主张来管理国家。汉武帝采纳了董仲舒"罢黜百家，独尊儒术"的建议，编校出版儒家经典书籍，任命儒生担任官员，并在都城和各郡、诸侯国开设太学和郡学，设立五经博士教授儒家学说。这之后的2000多年里，儒学成为中国封建社会的正统思想。

汉赋大家司马相如

我们常说唐诗、宋词，是指诗、词分别在唐、宋时发展到了最高峰。而在汉代，最出名的文体叫作赋，是一种有些像散文、又有些像诗的文体。西汉著名的辞赋家有枚乘、贾谊、扬雄等人，成就最大的是司马相如。有一次，汉武帝读过司马相如的《子虚赋》后说："写得多好呀！如果我能和作者生活在同一时代就好了。"旁边一名侍从说："这篇赋的作者就是当代人，他是我的同乡。"汉武帝听后大喜过望，马上召司马相如进宫，司马相如又写下了《上林赋》献给武帝。

司马迁写《史记》

司马迁的父亲是汉武帝时的太史令，主要工作就是编写史书。司马迁从小也对历史特别感兴趣。司马迁20岁时离开长安，到各地考察历史遗迹，寻访历史人物的遗闻逸事，以及各地的风俗人情。后来司马迁回到长安，接替父亲的职位和工作，阅读整理了大量史料，用10多年的时间写成50多万字的《史记》。这是中国历史上第一部纪传体通史。这部史书不仅内容丰富翔实，而且文字优美生动，被大文学家鲁迅称为"史家之绝唱，无韵之《离骚》"。

西汉 长安（西安）

乐府诗和柏梁体诗

乐府原本指管理音乐的官府，最早设立于秦代。汉武帝时重新设置了乐府，负责从民间收集歌谣，给诗歌配上曲谱，用乐器伴奏，演唱诗歌。后来这类能配乐演唱的诗歌就叫作乐府或乐府诗。汉武帝还在未央宫建了一座柏梁台，召集大臣们在这里一起作诗，大家一人一句，称为"联句"，每句七个字，句句押韵。这种诗被称为"柏梁体诗"。

西域都护府

张骞两次出使西域，扩大了汉朝在西域各国的影响。公元前60年，西汉在乌垒城（在今新疆轮台）设立西域都护府管理西域36国，标志着西域这片广大地区正式归中央朝廷管辖。

海上丝绸之路

除了长安往西的丝绸之路，汉朝还有一条海上丝绸之路。汉武帝时开辟了多条海上航线。在北方，从山东沿岸出发可以前往朝鲜和日本。在南方，从东南沿海的港口出发南下，穿过马六甲海峡，最远到达印度半岛南端和斯里兰卡。运送到这里的货物再转运去欧洲。因为主要货物为丝绸，所以这条南方航线被称为"海上丝绸之路"。

放羊的使臣

汉武帝时，苏武奉命出使匈奴被扣留。匈奴人多次威逼利诱劝苏武投降被拒绝后，给了他一群公羊，让他去荒无人烟的北海（今贝加尔湖）边放牧，说等羊生了小羊羔再放他回汉朝。苏武靠着吃野菜、挖掘小动物藏在地洞里的果实艰难求生，但始终保持着汉朝使臣的气节和尊严。19年后，苏武才被匈奴人释放，回到长安。

看得见的历史

长陵

为汉高祖刘邦与皇后吕雉的合葬墓,位于陕西省咸阳市东约20千米处。西汉11位皇帝的陵墓,除了汉文帝刘恒的霸陵、汉宣帝刘询的杜陵位于渭河以南的西安东郊和南郊,另外9座都在西安西北、咸阳北边沿渭河北岸一字排开。西汉皇帝的陵冢大多为黄土夯筑成的覆斗形,就像一个量米的斗倒扣在大地上,也像是金字塔被削去顶部后的样子。长陵出土了3000多个兵马俑和大量西汉砖、瓦、瓦当等文物。

茂陵

为汉武帝刘彻的陵墓,位于陕西省咸阳兴平市东北,是西汉帝陵中规模最大的一座。汉武帝登基第二年就开始为自己修建陵墓。他在位54年,修建陵墓花了53年,当时汉王朝每年税收的三分之一都被用来筑陵。帝陵东边有作为陪葬墓的霍去病墓,墓前和两侧有"马踏匈奴"等10多件国宝级的动物石雕。茂陵出土的一尊鎏金铜马高62厘米、长76厘米,以大宛国的汗血宝马为原型制作。

汉长安城遗址

位于陕西省西安市未央区,包括长乐宫、未央宫、桂宫、北宫、明光宫、建章宫等宫殿遗址,以及城墙、城门和道路遗址,市场和手工业作坊遗址等。2014年,汉长安城未央宫遗址作为丝绸之路的起点被列入《世界遗产名录》。汉长安城遗址上出土了文字瓦当、铁制兵器和工具、铜器、记录进贡物品的骨签等大量文物。

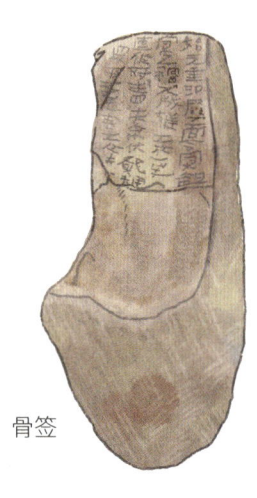

骨签

西汉　长安（西安）

阳陵

为汉景帝刘启的陵墓，位于咸阳渭城区。墓中出土了彩绘陶俑，牛、羊、猪、狗、鸡等陶质动物，还有大量高60厘米左右的裸体无臂陶俑。这些陶俑原本装有能活动的木头胳膊，穿有丝质或麻质衣服，只是2000年后出土时木质胳膊和衣服都已经朽烂消失，只剩下裸体陶俑。

丰富的墓葬随葬品

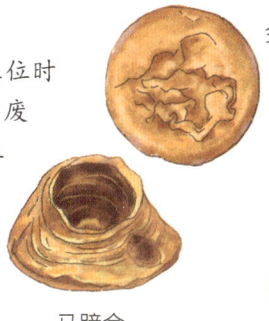

金饼

马蹄金

麟趾金

汉武帝刘彻的孙子刘贺是西汉在位时间最短的皇帝，当了27天皇帝后被废掉，后来被封为海昏侯。2011年，位于江西南昌的海昏侯墓被发现。墓中已出土文物1万多件，包括青铜雁鱼灯、编钟、铜车马器、漆器、竹简、木牍，还有马蹄金、麟趾金、金饼等400多件金器，10多吨五铢钱。

西安博物院

位于西安市友谊西路，由文物展馆区和唐代古迹小雁塔、荐福寺三部分组成。馆内收藏有西安各个历史时期的文物13万多件，其中的汉代釉陶望楼高136厘米，共三层。望楼是古代用于瞭望守卫、登高望远的楼阁。

陕西历史博物馆

位于西安市雁塔区大雁塔西北侧。馆内收藏有从石器时代到清代的各类文物170多万件，包含国宝级文物18件，其中的两件西汉文物分别为长陵附近出土的皇后之玺和茂陵出土的鎏金银竹节铜熏炉。

东汉 洛阳

历史都城
东周：洛邑 → 第28页   西晋：洛阳 → 第92页
魏：洛阳 → 第74页   北朝：洛阳 → 第108页

公元25年，刘秀打败多支起义军后建立东汉，把都城定在洛阳，接着又派出大军南征北战，消灭了一个个占据各地的小政权，使汉朝重新归于统一。这期间几十年的战乱，使中国人口从西汉末年的6000万减少到了东汉初年的2000万。刘秀统一全国后，采取一系列措施，使经济得到恢复和发展，人口也开始稳步增长。刘秀在历史上被称为光武帝，他统治的这段时期被称为"光武中兴"。

定都洛阳

东汉虽然和东周一样把都城定在洛阳，但两处都城的具体位置相隔有一定距离。东周的洛阳城在现在的洛阳市西部，东汉的洛阳城在洛阳市东约15千米处。

东汉洛阳城为不规则的长方形，共有12座城门，东西各3座，北面2座，南面有4座，正门为平城门，这是所有城门中最尊贵的门，皇帝到郊外祭祀从这座门出，官员们求见皇帝、参加朝会从这座门进。

秦汉时期，不管是都城还是各地的城市都实行严格的管理制度，有专门负责管理城门的官员。城门有士兵守卫，早上开门、晚上关门都有固定的时间。有一次，光武帝出城去打猎，玩得太高兴，晚上回来时城门已经关了，守卫城门的官员竟然都敢拒绝给皇帝开门。

秦代和西汉时，洛阳就已经建有南宫和北宫。光武帝定都洛阳

东汉

25 年　220 年

后，增修了南宫前殿崇德殿，作为南宫的主殿。光武帝的儿子汉明帝重建了北宫，主殿德阳殿建在几米高的台基上。德阳殿虽然没有秦代的阿房宫、西汉的未央宫大，但殿前的庭院很大，可容纳一万人，东汉每年最为盛大的元旦大朝会就在这里举行。现在的元旦是公历的 1 月 1 日，古代的元旦是农历正月初一，都是指新年的第一天。

南宫和北宫占去了都城内约三分之一的面积，都城的东北角有储存粮食的太仓和存放兵器的武库，东北部还有一些贵族的府邸，东南部有朝廷大臣办公的官府，西部有经营金银珠宝的金市，平民百姓大都住在城外靠近城门的地方。

班超投笔从戎

东汉的第二位皇帝汉明帝刘庄时,一个叫班超的年轻人来到洛阳。他的父亲班彪、哥哥班固、妹妹班昭,都是东汉著名的历史学家,合称"三班"。

这一年,哥哥班固被汉明帝召到洛阳,负责编写史书、整理校对皇家藏书,班超和母亲也跟着一起搬到洛阳居住。班超没有固定工作,只好帮官府抄写公文挣钱。这种工作非常单调枯燥。有一天,班超抄着抄着,越想越不甘心,他愤愤地扔下手中的笔,说:"大丈夫就应该像张骞那样去边疆建功立业,怎么能在笔墨砚台之间消磨一生呢?"

不久后,班超便投笔从戎,加入到大将军窦固的军队中,带兵攻打匈奴,多次立下大功。在窦固的推荐下,汉明帝派班超出使西域,去联络西域的众多小国家一起对抗匈奴。在第一站鄯(shàn)善国,班超抱定"不入虎穴,焉得虎子"的决心,带领手下杀了匈奴派来的使者,切断了鄯善国和匈奴结交的可能。这让鄯善国王又惊又怕,只好答应和汉朝结盟。接着,班超继续一路向西,灵活运用各种方法和计策,使西域50多个国家全都和汉朝结成了友好关系,重新打通西汉末年之后被阻塞了数十年的丝绸之路,成为历史上与张骞齐名的外交家、探险家。

东汉 洛阳

黄巾起义

东汉中后期,很多皇帝都是幼年即位。为了维护皇帝的权力,皇太后要依靠娘家的人来帮着管理国家大事,这就造成了外戚当权。等小皇帝长大后,他们不愿意受外戚控制,就培植身边的宦官来和外戚对抗,这样权力又转移到了宦官手中。外戚和宦官两派忙着争权夺利,贪敛钱财,朝政越来越混乱。

在地方上,大量土地越来越多地集中到少数大地主手中。大地主拥有庞大的田庄,失去土地的农民只好为地主干活,任由地主剥削。地主过着奢侈的生活,农民却连饭都吃不饱。为了防止农民起来反抗他们,地主修建起带有高大围墙的坞(wù)堡,训练家兵来保护田庄。

汉灵帝时,接连的天灾让本就生活艰难的农民越发活不下去了。一个叫张角的人趁着这个机会创立了太平道,懂点儿医术的他一边行医,一边向人们传教。10多年间,太平道的教徒发展到几十万人。184年是农历甲子年,张角打出"苍天已死,黄天当立,岁在甲子,天下大吉"的口号,号召各地的教徒发动起义。起义军头上裹着黄巾,被称为黄巾军。他们攻打官府和地主的坞堡,把夺来的财物和田地分给农民。这场起义最后虽然被镇压,但东汉朝廷的统治也遭到了沉重的打击。

洛阳的劫难

黄巾起义爆发后,朝廷派出官员领兵到各地镇压起义,这些官员和当地的地主勾结起来,形成割据一方的军事势力,也就是军阀(fá)。

汉灵帝病死后,朝廷里外戚和宦官争斗得更加厉害。为了解决纷争,凉州军阀董卓带领3000名士兵来到洛阳。军队进城后,他又让士兵们夜里出城去,到了白天再大张旗鼓地进城来,一连闹了四五天,让京城的官员们误以为他带了很多兵马来。

董卓废了之前外戚立的小皇帝,另立了刘协当皇帝,他就是东汉的最后一个皇帝汉献帝。董卓封自己为丞相,掌握了朝政大权,在洛阳肆意横行,随意屠杀百姓,抢劫钱财。为了免遭董卓毒手,朝廷官员袁绍、曹操等人逃出洛阳。他们联合10多个州郡,集结起一支称为关东军的联军讨伐董卓。

190年,眼看关东军快要包围洛阳城,董卓急匆匆地带着汉献帝想要撤出洛阳,迁都长安,可洛阳的百姓都不愿意跟他走,他就让士兵们拿着兵器逼迫百姓迁往长安。为防止百姓逃回洛阳,董卓又派军队在洛阳城里四处放火。连绵成片的房屋,豪华的宫殿,全都化成了一堆瓦砾。洛阳作为东汉都城,在100多年里积累起来的物质和文化财富,就这样毁于一旦。

董卓到长安后,在城西200多里处修建了一座坚固庞大的堡垒郿(méi)坞,里面贮藏了可供

食用30年的粮食。董卓自以为可以在郿坞里活到天年，没想到不久后就被部下杀死。这之后，东汉陷入了更加混乱的军阀纷争局面，已经没有实权的汉献帝成为军阀们争夺的筹码。

赤壁之战

董卓死后，汉献帝逃回洛阳。这里早已成了一片废墟，汉献帝只好住在一个临时搭建起来的小棚子里。这时曹操的势力已经壮大，占领了现在河南的许昌。他带兵来到洛阳，劝说汉献帝把都城迁到许昌。汉献帝落到曹操手中后，曹操以皇帝的名义向各地的军阀发号施令，这个就叫作"挟天子以令诸侯"。

官渡之战中，曹操以弱胜强，用几万兵力打败袁绍的10万人，为统一北方扫清了障碍。平定北方后，曹操率领20多万大军南下，想要统一全国。这时的南方，实力最强的是自称汉朝皇室后代的刘备和占据了长江下游一带的孙权。但是刘备只有2万兵力，孙权也只有3万多人，于是他们决定联合起来，一起对抗强大的曹军。

208年，孙刘联军开到长江南岸现在湖北省的赤壁市，与曹操大军隔江对峙。曹操手下的士兵大多是北方人，不习惯船上的颠簸，很多人上战船后就开始晕船，一个个头昏脑涨，根本没法打仗。曹操于是命人用粗铁链把一艘艘战船连起来，在船与船之间铺上木板，士兵走在船上就像在平地上一样平稳。孙刘联军看到这样的情形，决定采用火攻。他们放出几十只装满柴草的船只，快到曹营时点燃柴草，几十只冲进曹营的火船很快把曹军连成一片的战船烧成了一片火海，江边的石壁都被火光映得通红。曹操手下的士兵被烧死淹死的不计其数，孙刘联军趁势发起攻击，曹军大败而归。

赤壁之战后，北方的曹操、东南方的孙权、西南方的刘备，形成了三股实力相当的割据势力。220年，曹操的儿子曹丕（pī）逼迫汉献帝把帝位"禅让"给他，建立了魏国，东汉延续了近200年的统治宣告终结。之后，刘备在成都称帝，建立蜀国；孙权在建业（今江苏省南京市）称帝，建立吴国。魏、蜀、吴三国鼎立的局面正式形成。

科技文化

史学家、文学家班固

班固写的《汉书》记录了西汉200多年的历史,是我国第一部断代史。班固同时也是一位辞赋家,当时有人建议把都城从洛阳迁回西汉时的长安,班固为此写了一篇《两都赋》,比较了洛阳和长安两座城市的优势,反驳了迁都的想法,认为洛阳更适合作为东汉的都城。

汉代百戏

百戏包括乐舞、说唱、杂技、魔术等各种民间表演形式。汉代是百戏艺术空前繁荣的时代,从达官贵人到普通百姓,百戏受到人们的普遍喜爱。各种造型的乐舞俑、杂技俑、说唱俑常作为随葬品,让墓主人在另一个世界仍能欣赏精彩的表演。

好学的王充

王充是东汉著名的思想家,他在代表作《论衡》中,用科学道理解释了很多当时的人们无法理解的事情,在一定程度上破除了人们的迷信思想。王充17岁时进洛阳太学学习。他酷爱读书,但因为太穷买不起书,把太学的藏书都读遍后,就经常去书铺里蹭书看。王充读书认真,记忆力又好,一本新书读上一遍就能背下来。

许慎和《说文解字》

许慎是东汉著名的文字学家。他分析汉字字形,研究汉字起源,编写了中国第一部字典《说文解字》。许慎创立了540个部首,将书中收录的9353个汉字按部首排列。直到今天,我们查字典依然会用到部首查字法。《说文解字》完成后,许慎让儿子带着这部书到洛阳献给朝廷,受到汉安帝的接见和夸奖,这部书也迅速流传开来。

东汉 洛阳

佛教传入中国

佛教为世界三大宗教（基督教、伊斯兰教、佛教）之一，产生于公元前6世纪的印度，创始人为乔达摩·悉达多，也称释迦牟尼。汉明帝派人到天竺国（今印度）求取佛经，天竺高僧竺法兰和迦叶摩腾带着佛经来到中国，朝见了汉明帝。两人住在朝廷为他们建造的白马寺里，把佛经翻译成汉语。从这之后，佛教迅速在中国传播开来。

名医华佗

东汉末年的名医华佗发明了相当于麻醉剂的麻沸散。给病人服下这种药后，再给病人做开刀切除缝合的外科手术，手术过程中病人感受不到痛苦。华佗发明麻沸散比欧洲人发明麻醉药早了1600多年。华佗曾用针灸法为曹操治疗头痛，最后因为不愿留在曹操身边光为他一个人治病，被曹操杀害。

便宜又好用的纸

东汉以前，古人把字写在竹简和绢帛上。绢帛用蚕丝织成，非常昂贵；竹简虽然比绢帛便宜，但是太笨重了。西汉时有了用麻纤维制作的麻纸，不过纸质粗糙，不适合用来写字。汉和帝时，皇宫里负责监督各种器物制造的蔡伦总结前人造纸的经验，用树皮、杂乱的短麻、破烂的衣服布片、旧麻线渔网等廉价的原料做出了便宜又好用的纸。汉和帝下令在全国推广蔡伦的造纸法。蔡伦后来被封为侯，他造的纸也被称为"蔡侯纸"。

纸的使用大大降低了书籍的成本，让更多人学会认字、阅读成为可能，加速了信息、知识的传播和发展。造纸术在唐朝时传到西亚地区，宋朝时传到欧洲，为推动欧洲乃至全世界的文明发展进程做出了很大的贡献。

71

看得见的历史

汉光武帝陵

位于洛阳市孟津区的白鹤镇,为光武帝刘秀的陵墓,由神道、陵园、光武祠组成。宽阔的神道从阙门直达陵前,两侧排列有石像、石马等石雕。墓冢位于陵园正中。当代新建的光武祠位于陵园西侧,内有光武大殿等建筑。陵园内1000多株古柏为隋唐时期栽种。

白马寺

位于洛阳市洛龙区白马寺镇,是中国第一座佛教寺庙,为汉明帝下令根据印度僧人画的佛寺图修建。两位印度高僧是用白马驮着佛经和佛像来到中国的,因此给寺庙取名为白马寺。现在寺门前的两匹石马为宋代石雕,寺内高13层的齐云塔为金朝修建,其他大部分古建筑为明朝时建造。寺内保存有元代书法家赵孟頫(fǔ)书写的《洛京白马寺祖庭记》石碑。

洛阳博物馆

位于洛阳市洛龙区。博物馆的陈列以河洛文化为主体,以仰韶文化、龙山文化、夏、商、两周和两汉文物为主要内容。馆内所藏东汉石辟邪高1.9米,长近3米,出土于汉光武帝陵附近。

汉魏洛阳故城遗址

位于洛阳市东约 15 千米处。公元 25 年，光武帝刘秀在这里定都，其后曹魏、西晋、北魏均以此为都，共历时 330 多年。

洛阳城址变迁图

东汉太学遗址

位于汉魏洛阳故城东南郊。太学是我国古代的最高学府。光武帝定都洛阳后，下令在城南开阳门外修建了太学，请来全国最有声望的学问家给太学生讲课。汉顺帝时对太学进行了扩建，太学生人数最多时有 3 万多人。汉灵帝时，在太学立起 46 块石碑，上面刻写了《论语》《尚书》《周易》《春秋》等七部儒家经典著作，作为官方发布的标准版本。这批经文从汉灵帝熹平四年（175 年）开始刻写，8 年后才完成，所以被称为"熹平石经"。石经文字由东汉书法家蔡邕（yōng）等人用隶书写成，也称"一字石经""一体石经"。

东汉灵台遗址

位于汉魏洛阳故城南郊，现在仅存高约 8 米的夯土台。灵台是当时的国家天文台，进行天文观测和研究的地方。东汉天文学家张衡曾在这里工作。

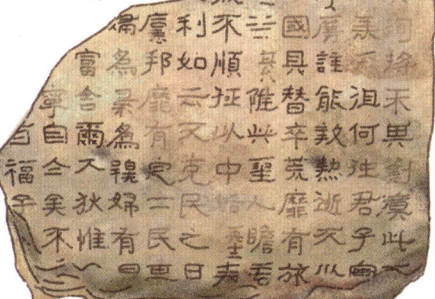

东汉灵台复原图

魏 洛阳

历史都城
东周：洛邑 → 第28页　　西晋：洛阳 → 第92页
东汉：洛阳 → 第64页　　北朝：洛阳 → 第108页

赤壁之战后，曹操败退回北方，他一面抓紧发展生产，训练士兵，一面加快了从汉献帝手中夺取汉朝天下的步伐。这时的曹操已经是汉朝的丞相，但他还不满足，又逼迫汉献帝先后封他为魏公、魏王，出行时使用的仪仗也是和天子一样的规格。不过，曹操还没来得及当上皇帝就病死了。他的儿子曹丕继承了丞相和魏王的位子。在曹操父子二人的苦心经营下，他们不仅掌握了朝廷的实权，还赢得了朝廷内外大多数官员的支持，大臣们纷纷劝说汉献帝把皇帝的位子让出来。汉献帝万般无奈之下，只好发布诏书，把皇位禅让给魏王曹丕。220年，曹丕当上了皇帝，建立魏国，不久后就把都城从许昌迁到洛阳。他建立的魏国历史上称为曹魏。

曹魏都城洛阳

曹丕把都城迁到洛阳后，对东汉末年被烧毁的宫殿加以修复和扩建，并从现在河北一带迁了五万户百姓到洛阳周边来定居。曹丕的儿子魏明帝曹叡（ruì）时，在东汉南宫崇德殿的基础上建造了太极殿。从这之后，大部分朝代的皇宫正殿都命名为太极殿。

魏明帝在洛阳城内外修建了大量宫殿、园林，同时参与工程建设的百姓有上万人。即便这样，魏明帝还嫌修得太慢，连朝廷官员、太学的学生都被拉来干活，皇帝也亲自到工地上挖土为大家做表率。

魏明帝还在都城西北角修建了金墉城。金墉城面积并不大，大概只有明清紫禁城的三分之一，但城墙建得宽厚坚固，像一座堡

220年 266年

垒。城内有崇天堂、光极殿、永昌宫等宫殿。到了曹魏末年和后来的西晋,金墉城却成了一座皇家监狱,被废的皇帝、皇后、太子都被囚禁在这里。

曹家三父子

曹操不仅是中国历史上出名的谋略家,也是一位很有成就的文学家。他写的乐府诗有20多篇流传至今,很多诗句被广为传诵,如:

对酒当歌,人生几何!譬如朝露,去日苦多。《短歌行》

东临碣石,以观沧海。水何澹澹,山岛竦峙。《观沧海》

老骥伏枥,志在千里。烈士暮年,壮心不已。《龟虽寿》

曹操也非常重视文学人才,在他当权的建安时期,涌现出了包括了孔融在内的"建安七子"等一大批诗人。建安是汉献帝的年号,建安时期从196年汉献帝被曹操劫持到许昌起,到220年被曹操的儿子曹丕夺去皇位止。

曹丕也留下了不少诗作，不过他最出名的作品《典论·论文》是一篇研究文学理论的文章，文中提出"文章不朽"，对文学作品的价值给予了很高的评价。

曹操的另一个儿子曹植更有才华，名气也更大。后来的东晋诗人谢灵运是曹植的铁杆粉丝，他曾经说："如果天下总共有十斗才华，曹植一个人就占了八斗，我有一斗，古往今来的其他文人一起分剩下的一斗。"成语"才高八斗"就是从这儿来的。

曹丕当上皇帝后，担心弟弟们抢夺他的皇位，他毒死了弟弟曹彰，又想找机会除掉曹植。据说，曹丕让曹植以"兄弟"为题，在走出七步的时间内作一首诗，写不出来就杀了他。在这样危急的情形下，曹植当场创作出了著名的《七步诗》："煮豆燃豆萁，豆在釜中泣。本是同根生，相煎何太急？"

曹操和儿子曹丕、曹植合称"三曹"，是建安文学的杰出代表。中国历史上另外三位出名的父子文学家则是北宋的苏洵和儿子苏轼、苏辙，合称"三苏"。

司马氏代魏建晋

曹丕创立的魏王朝仅仅存在了40多年，就被司马氏建立的晋朝取代。

曹操还在世时，司马懿（yì）就是他手下的得力干将。后来在曹丕夺取汉朝天下的过程中，司马懿出了不少力，赢得了曹丕的信任。曹丕和儿子曹叡两任皇帝期间，司马懿掌管着魏国的军政大权，在对蜀国、吴国的战争中赢得了声望。与此同时，他也在私下里加紧培植自己的势力。

曹叡死后，他8岁的养子曹芳继位。魏明帝曹叡临死前，托大将军曹爽和司马懿共同辅佐小皇帝。成为辅政大臣的曹爽迅速把守卫京城的禁卫军军权抓到手中，又在朝廷里安排自己的人，尽力排挤司马懿的势力。司马懿先是装出一副重病在身的样子，让曹爽放松警惕。后来，趁曹爽带着禁卫军陪皇帝去洛阳城外祭扫魏明帝

魏 洛阳

的高平陵，司马懿调集军队控制了洛阳城，夺取了曹爽的军权，大肆杀戮曹氏家族的人，这在历史上被称为"高平陵事变"。从这之后，魏国实权完全掌握在了司马氏家族手中。

司马懿死后，他的儿子司马师、司马昭相继执政。司马师废了曹芳，立了曹丕的孙子曹髦（máo）当皇帝。司马昭当权后，更加不把皇帝放在眼里，甚至在家里穿只有皇帝才能穿的龙袍，想要夺位的野心暴露无遗。曹髦愤怒地说："司马昭之心，路人皆知。"他提着宝剑，带着宫中的几百名卫兵和奴仆去讨伐司马昭，但刚出宫门，就被司马昭派来的士兵杀死。

263年，司马昭派出18万大军灭了蜀国，他也因为这番功绩被封为晋王，但他还没来得及当皇帝就病死了。266年，司马昭的儿子司马炎逼迫魏朝的最后一个皇帝曹奂（huàn）让出皇位，建立了晋朝，历史上称为西晋。

科技文化

发明家马钧

魏明帝时，朝廷里有位官员名叫马钧，他同时也是一位大发明家。有一次，两个官员谈论说，黄帝发明指南车这事只是个传说，历史上从来没有过指南车这种东西。马钧却坚持认为，古代肯定有人发明过指南车。魏明帝听说后，便下令让马钧把指南车造出来。马钧经过反复思考，刻苦钻研，在设计制作的过程中不断调整修改，最后成功制作出了能指示方向的指南车。

马钧还改进了织造丝织品的织绫机，大大简化了织绫过程，使生产效率提高了四五倍。他发明了一种从低处往高处运水的翻车，用来提水灌溉农田菜地，这种翻车也叫龙骨水车，几十年前还在我国农村地区普遍使用。马钧还制作出能连续发射石块的轮转式发石车，改进了诸葛亮发明的一次能发射10支箭的连弩，提高了弩箭的杀伤力。他还献给魏明帝一台"水转百戏"，利用水流冲击转动戏台下的木轮，木轮再带动戏台上的木偶做出各种表演动作。

楷书鼻祖钟繇

钟繇是魏国重臣，更是一位大书法家，擅长篆、隶、行、草多种书体。钟繇生活的时代正是汉字从隶书向楷书演变并接近完成的时期。他推动了楷书的发展，被人们尊称为"楷书鼻祖"，与东晋书法家王羲之并称为"钟王"。

九品中正制

魏文帝曹丕制定实施的九品中正制，是魏晋南北朝时期最重要的选拔官员的制度。九品是指把官员分为九等，即上中下三等中又各细分为上中下三等：上上、上中、上下、中上、中中、中下、下上、下中、下下。中正则是负责评定、推举人才的官员。这种制度主要靠中正官的评定和推荐来选拔官员。从曹魏初年到隋唐时确立科举制，九品中正制延续了约400年。

竹林七贤

竹林七贤是指魏晋时期的嵇康、阮籍、山涛、向秀、刘伶、王戎、阮咸7位文人，据说他们常在竹林里聚会，喝酒唱歌，因而得名。其中最出名的是嵇康和阮籍。山涛投靠司马氏后，嵇康写了《与山巨源绝交书》，拒绝与司马氏合作，被司马昭杀害。阮籍的代表作为五言诗《咏怀八十二首》，对五言诗的发展做出了很大贡献。

魏 洛阳

👁 看得见的历史

正始石经

　　刻于魏齐王曹芳正始二年（241年），因而得名。碑文每个字均用古篆、小篆、隶书三种字体书写，所以也称"三体石经"。刻在石碑上的经书包括《尚书》《春秋》和部分《左传》，是曹魏时期的书法代表作。正始石经原本立在洛阳南郊太学里东汉熹平石经的西侧，其中只有少量石碑残片留存到今天，存放在洛阳博物馆、故宫博物院等处。

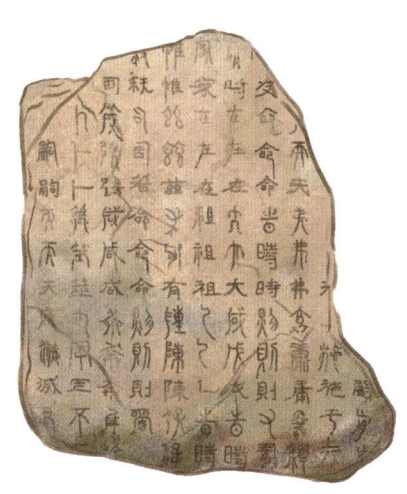

关林

　　位于洛阳市洛龙区关林镇。220年，蜀汉将领关羽被东吴孙权的部下杀害。孙权把关羽的头献给了曹操。曹操按照诸侯王的礼节，将关羽的头葬在洛阳城南，并修建祠庙祭祀。明代时对关林进行大规模扩建，现在看到的建筑大多是那时修建的。

蜀汉 成都

曹丕废了汉献帝，建立魏朝的消息传来，一直以来一心想要打败曹操、恢复汉朝的刘备悲痛欲绝。221年，刘备在成都称帝，自称为汉朝的继承人。刘备统治的地区以现在的四川一带为中心。四川一带古代称为巴蜀，所以历史上称刘备建立的汉朝为蜀汉。

刘备的崛起

刘备自称是西汉中山靖王刘胜的后代。刘胜是汉景帝的儿子、刘邦的曾孙，细算下来刘备比汉献帝要大一辈，所以被人们称为皇叔。但是到刘备这一代时，家中已经败落，年轻的刘备靠织草席、卖草鞋为生。

刘备为人仗义，喜欢结交朋友。黄巾起义爆发后，他拉起一支队伍，参与到镇压黄巾起义的战争中，大将张飞和关羽也加入到他的队伍中来。刘备带着张飞和关羽四处辗转，投靠过包括曹操、袁绍在内的各路英雄豪杰，一点点扩充自己的势力。

据说有一次，曹操请刘备喝酒，席间两人谈论起天下英雄，曹操说道："当今天下，称得上英雄的也就你和我了。"这说明曹操把刘备当成了重要的对手。刘备一听这话，吓得手里的筷子都掉到地上。正好这时雷声大作，刘备借口说是被雷声吓的。曹操见他这么胆小，就放松了警惕。不久，刘备便去投靠了袁绍。

官渡之战中，袁绍被曹操打败，地盘也被曹操占领，刘备又去投奔了掌管荆州的刘表。东汉时，在全国设立了十三个州，每个州

蜀

221年 263年

下面管辖着若干个郡、国，郡、国下面设有县。荆州的范围主要包括现在的湖北、湖南，周围还有河南、贵州、广东、广西等地的一小部分。刘表表面上对刘备很客气，但实际上还是很提防他，只是分了些兵马给他，派他驻扎在一个不起眼的小地方，也就是现在河南的新野。

三顾茅庐

新野南边几十千米处有个地方叫隆中，现在属于湖北的襄阳，被称为卧龙先生的诸葛亮就隐居在隆中的卧龙岗。

这时的刘备，正在寻找一位能为他出谋划策的谋士，听说诸葛亮在隆中隐居，便带着张飞和关羽前往拜访。为了考验刘备的诚意，前两次诸葛亮都躲出去没见他们。第三次，刘备等三人来到诸葛亮的茅舍前。这一次诸葛亮终于在家，但这会儿正在睡觉，刘备等人便在屋外恭恭敬敬地等着他醒来。诸葛亮睡醒后，赶忙请三人进屋。交谈中，诸葛亮分析了当前的天下大势，建议刘备联合孙权，占据荆州，再夺取易守难攻的益州，像当年的汉高祖刘邦一样，以益州为根据地，向北发展，统一天下。刘备听他分析得头头是道，非常高兴，极力邀请诸葛亮出山辅佐自己，共谋大业。于是诸葛亮跟刘备回到了新野。

有了诸葛亮的刘备如虎添翼，在后来的赤壁之战中联合孙权，大败曹操。214年，刘备占据了荆州，又夺取了益州。益州相当于现在四川一带，治所（地方政府所在地）在成都，现在是四川省的省会。曹丕代汉建魏的消息传到益州后，刘备就在成都称帝。

夷陵之战

刘备去益州后，关羽留在荆州驻守。趁关羽带兵北上攻打曹军，孙权派军从后面袭击荆州，不仅占据了荆州，还杀了关羽。刘备痛失爱将，所以在称帝后做的第一件事就是亲自率兵攻打东吴。

在夷陵之战中，东吴的书生将领陆逊采用以逸待劳的策略，等来势汹汹的蜀汉水陆两军消磨了锐气，在长江边扎下营寨准备休整时，突然发起进攻，火烧蜀军营寨。大火延烧成片，吴军接连攻破蜀军40多座营寨。刘备只好朝西撤退，最后终于摆脱追兵，逃到了位于现在四川奉节的白帝城。

刘备又气恼又悔恨，在白帝城一病不起。他派人从成都叫来诸葛亮，把儿子刘禅（shàn）托付给他，并对他说："你的才能是曹丕的十倍，一定能做出一番大事业。我的儿子能辅佐就辅佐，如果他没什么才能，你可以取代他自己当皇帝。"诸葛亮马上表示自己一定会尽心尽力辅佐太子。这就是历史上著名的"白帝城托孤"。

诸葛亮治蜀

刘备死后，刘禅在成都继位，历史上称为蜀后主。刘禅没什么才干，他当皇帝后，便把蜀国的大小事务全都交给丞相诸葛亮去管

蜀汉 成都

理，自己落得逍遥自在。刘禅小名叫阿斗，至今人们仍用"扶不起的阿斗"来形容没有进取心、庸庸碌碌的人。

诸葛亮重视人才选拔，起用了一大批真正有才干的人，把蜀汉治理得井井有条。唐朝诗人杜甫的诗句"晓看红湿处，花重锦官城"，诗中的锦官城指的就是成都。早在西汉时，成都出产的蜀锦就已经销往全国各地，并通过丝绸之路销到了欧洲。西汉朝廷设立了锦官来管理蜀锦的织造，并在城西南部的织造工场外筑起围墙，称为锦官城。蜀汉时，诸葛亮恢复了锦官的设置，并在成都和西南少数民族地区大力推广蜀锦织造技艺，使蜀锦成为蜀国的经济支柱。

往南，诸葛亮发兵平定了现在云南贵州一带南中地区的叛乱，七次生擒南中少数民族首领孟获，又七次把他放掉，让孟获心服口服，发誓再也不反叛蜀国。往北，诸葛亮组织了五次攻打曹魏的北伐战争，可惜每次都因为后方粮草供应不上等原因，不得不撤兵。诸葛亮自己也在最后一次北伐中因操劳过度病死在军营中。

魏灭蜀汉

诸葛亮死后，大将军姜维继续率领蜀军多次北伐曹魏，都没有取得太大的战果。接连的征战消耗了国力，加上后期宦官专权，蜀汉政权的统治已经岌岌可危。

这时的魏国，实权掌握在司马昭手中。为了建立不朽的功业，为自己夺取曹魏的天下赢得支持，262 年，司马昭派大将邓艾、钟会率领 18 万大军攻打蜀汉。

蜀汉的中心地带就是现在的四川盆地，周围群山环绕，易守难攻。蜀将姜维率领大量兵力驻守在战略要地剑阁，钟会率兵攻打，没能攻下来。为了绕开剑阁，在崇山峻岭中开辟出一条路，邓艾把毛毡裹在身上，从山上滚了下去。跟随他的将士们大受鼓舞，大家攀缘树木山藤，在陡峭的崖壁上艰难行进。邓艾带着士兵像天兵天将一般，突然出现在剑阁的后方，直逼蜀汉都城成都。

刘禅听说魏军打来了，慌忙让官员带上全国的户籍和军队花名册，还有大量的粮食和金银锦缎，亲自带着王公大臣去向邓艾投降，并派人命令正和魏军相持的姜维向钟会投降。刘禅的儿子刘谌（chén）极力劝阻投降未果后，跑到爷爷刘备的昭烈庙痛哭了一通，然后自杀殉国。

263 年，蜀汉灭亡。蜀汉政权总共存在了 43 年，其中 41 年都是刘禅当皇帝。刘禅被押到魏国都城洛阳，在那里过了 8 年的安乐日子后去世。

乐不思蜀的刘禅

刘禅被抓去魏国后，有一次，司马昭设宴请他吃饭，特意在席前安排了蜀地歌舞表演。在场的其他人看了，想起覆亡的蜀国，都替这个亡国皇帝伤感，刘禅自己却看得乐呵呵的。司马昭问他："你在这里会不会很思念蜀国？"没想到刘禅说："我在这儿很快乐，一点儿都不思念蜀国。"成语"乐不思蜀"就出自这个故事。

看得见的历史

三星堆遗址

位于四川省广汉市,在成都市北约40千米处,为商周时期文化遗址。这里出土了大量青铜器、金器、玉石器,其中包括高近四米的青铜神树,高两米多的青铜立人像,有着竖眼睛的青铜纵目面具,汽车方向盘般的太阳形器。很多青铜器造型奇特。是什么人制造了它们,它们都有些什么用途,现在都还是没解开的谜。

金沙遗址

位于成都市青羊区金沙遗址路2号,为商周时期文化遗址。这里出土了大量金器、玉器、铜器、石器、象牙器、陶器,其中的太阳神鸟金饰像一幅金箔制成的剪纸作品。太阳神鸟图案已被定为中国文化遗产标志。

杜甫草堂

位于成都市青羊区青华路38号。唐代安史之乱爆发后,诗人杜甫为躲避战乱来到成都,在浣花溪畔修建茅屋居住。杜甫诗句"两个黄鹂鸣翠柳,一行白鹭上青天。窗含西岭千秋雪,门泊东吴万里船",描写的就是这里的景色,诗中的西岭便是成都西面常年积雪的西岭雪山。

成都武侯祠

位于成都市武侯区武侯祠大街231号,最初为纪念蜀汉丞相诸葛亮的祠堂,因诸葛亮曾被封为武乡侯而得名。后来与刘备的陵墓和宗庙合并,成为刘备和诸葛亮的君臣合祀祠庙。祠内的历代碑刻中,唐代的"蜀汉丞相诸葛武侯祠堂碑"由宰相裴(péi)度撰写碑文,书法家柳公绰书写,名匠鲁建刻字,被称为"三绝碑"。

吴 建业（南京）

历史都城

东晋：建康 → 第100页
南朝：建康 → 第116页

魏、蜀、吴三国中，东吴建国的时间最晚，229年孙权才正式称帝。东吴存在的时间却比魏国和蜀国都要长，于280年被取代了曹魏的西晋灭亡。三国之中，曹魏的疆域最大，东吴居中，蜀汉最小。在东部，魏和吴的边界大致和长江平行，吴拥有少量长江以北的土地。在西部，魏和蜀以秦岭为界。吴和蜀的分界线从现在重庆巫山县往西南方延伸。

孙权建吴

东汉末年黄巾起义爆发后，出生于官宦世家的孙坚因为镇压黄巾起义有功，被封为长沙太守。孙坚在后来的军阀混战中战死，他的儿子孙策率领他手下的士兵渡过长江，向长江下游一带发展，在江东地区站稳了脚跟，并被曹操以汉献帝的名义封为吴侯。

我国最大的河流长江整体的走向是从西往东流，但从安徽芜湖到江苏南京这一段折向东北方向流，所以这一段长江以南的地区通常被称为江东。古代以东为左，以西为右，江东也叫江左。在中原人看来，这片地方在长江以外，又称为江表，"表"就是外的意思。

孙策被敌人派出的刺客刺杀身亡后，他的弟弟孙权在张昭、周瑜等人的辅佐下管理江东，治所在现在的江苏苏州。赤壁之战前，为了更好地和刘备军联络，凭借长江天险对阵曹操，孙权把治所迁到了长江边的京口（今江苏省镇江市）。赤壁一战，孙权联合刘备大败曹操，为建立吴国打下了基础，也有了往西发展的机会。211

吴 222年 280年

年，孙权把治所从京口往西迁到秣陵（今江苏省南京市）。第二年，在战国时期楚威王金陵邑的基础上建石头城，用来储存粮食和兵器，同时把秣陵改名为建业，意为"建立帝王大业"。孙权打败关羽、夺回荆州后，于221年把治所迁到现在的湖北鄂州，改名为武昌，并在这里修建城墙和武昌宫。

曹丕、刘备相继称帝后，孙权于222年称王，国号为吴，历史上称为"孙吴"，因为在三国之中居于东边，也叫"东吴"。有观点认为，东吴建国应该从这一年开始算起。229年，孙权在文武百官的劝说下，在武昌城郊外祭天称帝，之后不久，便把都城迁回了建业。

87

六朝古都之始

南京有"六朝古都"之称，东吴、东晋和南朝的宋、齐、梁、陈六个朝代都在这里建都，东吴时称建业，东晋和南朝时称建康。通常所说的六朝也是特指东吴、东晋和南朝的宋、齐、梁、陈这六个以南京为都城的朝代。

孙权在犹豫多年之后，终于把都城定在建业，开启了南京的建都史。当时的建业城，位于现在南京城区中部，玄武湖和秦淮河之间。

孙权在哥哥孙策的将军府的基础上加以修缮扩建，建成了太初宫。太初宫的东北面有储藏粮食的苑城，也叫仓城。太初宫南面有太子居住的南宫，南宫西面有孙权的长子孙登营建的皇家园林西苑。到了东吴最后一个皇帝孙皓时，在太初宫东面建造了昭明宫。

吴 建业（南京）

都城四周都有河流环绕，同时开挖人工运河沟通水道，并把河流引到都城之内，不仅方便物资运输，也为城内提供了水源。都城南面的河流便是秦淮河，河上正对着都城南门宣阳门建有朱雀桥，朱雀桥和宣阳门之间是五里长的御道，御道两侧分布着朝廷官员办公的官署和军队的营房。

2500 年历史的古城

战国初年，位于东南沿海的越国终于消灭了老对手吴国。为了防范西边的强国楚国，公元前 472 年，越王勾践派大夫范蠡（lí）在长干里，也就是现在南京中华门外的秦淮河畔修筑了一座城池，称为"越城"，也叫"范蠡城"。这是南京历史上最早的城池。100 多年后的公元前 333 年，楚国打败越国，占领了这里，在石头山上设立金陵邑。后来，"金陵"成为南京最出名的别名。

秦朝统一中国后，据说有一次，秦始皇出外巡游来到这里，听风水先生说金陵有王气，为了破坏它的王气，便把"金陵"改名为"秣陵"，意思就是养马的地方。

远洋航行

东吴濒临大海，都城建业挨着长江，境内河流湖泊密布，不管是内河航运还是海上运输，都要用到大量船只，这大大促进了东吴造船业的发展和航海技术的提高。当时，东吴已经能造出又大又结实的船，最大的船上下共 5 层，能装载 3000 人。

石头城下的港口石头津，据说能停下上万艘船，沿长江逆流而上的战船，出海航行的船队，都是从这里出发。东吴的远洋船队曾到过现在的朝鲜、日本、越南、柬埔寨等很多国家。230 年，将军卫温奉孙权的命令，带领一万多人乘船到达夷洲，也就是现在的台湾，并从夷洲带了几千人回到建业。这是大陆人民第一次大规模到达夷洲，建立起海峡两岸的联系。

晋军灭吴

孙权死后,他的两个儿子先后继位,皇族成员、朝廷官员之间彼此争斗,东吴走向衰落。264年,孙权的孙子孙皓继位。在他继位的前一年,魏国灭了西南方的蜀汉;后一年,魏国改朝换代成了西晋,原先魏、蜀、吴三国鼎立的局面变成了西晋和东吴的对峙。西晋正在积极筹划攻灭东吴,统一中国。

孙皓是三国时期有名的暴君。他继位后,嫌爷爷的太初宫太寒酸,下令修建豪华的昭明宫,花费的钱财数以亿万计。他对待官员非常残暴,以变着花样杀人为乐,朝廷内外人心惶惶。

280年,晋武帝司马炎派大将杜预统帅20多万人分六路进攻吴国。在这之前,将军王濬已经花了几年时间在长江上游建造楼船,训练水军。王濬率船队从成都出发,沿长江顺流而下。吴军在江中设下铁锥,在江面拉起铁索,阻挡晋军。王濬做了几十个大木筏放到江中,铁锥扎到木筏上都被带走了;又做了巨大的火炬,浇上麻油,把铁索烧断。于是战船通行无阻,晋军沿长江打下了东吴许多城池。几路晋军合在一起,继续朝下游攻打,所到之处吴军纷纷投降,就像用刀劈竹子一样轻松顺利。成语"势如破竹"正是来源于杜预带兵攻打建业的故事。

晋军打到建业城下时,孙皓还在皇宫里吃喝玩乐。东吴的大将们已经死的死,降的降。孙皓只好带着剩下的文武官员向晋军投降,东吴灭亡。东汉末年之后持续了90多年的分裂局面结束,中国重新归于统一。

吴 建业（南京）

看得见的历史

石头城

位于南京市鼓楼区清凉山一带。战国时期，楚威王在石头山上建起一座城，名为金陵邑。东吴孙权在金陵邑的原址上建造城池，取名为石头城。城墙利用清凉山的天然峭壁凿成，中段有几块突起的红色岩石，酷似鬼脸，所以也称鬼脸城。石头城地势险要，当年长江就从城下流过，从东吴到南朝，石头城一直都是保卫都城的军事要塞。唐代以后江水逐渐西移，石头城也被废弃。

东吴大帝孙权纪念馆

位于南京市玄武区紫金山南麓明孝陵景区梅花山内。孙权是第一个在南京建都的帝王，死后也葬在这里。孙权墓也称为蒋陵、孙陵。明朝时在这一带修建明太祖朱元璋的孝陵时，特意保留了孙权墓。1993年，在这里修建了孙权故事园，后改建为东吴大帝孙权纪念馆，馆内用壁画、石刻浮雕等形式生动呈现了东吴的历史和孙权一生的功绩。

朝天宫

位于南京市秦淮区水西门内。春秋时期，吴王夫差在这里建造城墙，并设有冶炼作坊铸造兵器，后人便称朝天宫所在的山为"冶山"，这座城池便是"冶城"。东吴孙权时，这里也是铸造铜铁兵器的地方。东晋时这里建有冶城寺，南朝开始在冶山修建道观。明朝重建后，明太祖朱元璋赐名为朝天宫，为官员们演习朝拜天子礼仪的地方。现在为南京市博物馆所在地。

西晋 洛阳

 历史都城
东周：洛邑 → 第28页 魏：洛阳 → 第74页
东汉：洛阳 → 第64页 北朝：洛阳 → 第108页

诸葛亮的老对手司马懿和儿子们苦心经营几十年，最后的胜利果实落到了他的孙子司马炎手中。266年，司马炎继承父亲司马昭的晋王王位几个月后，就逼迫魏朝皇帝曹奂把皇帝的位子让给他，建立了晋朝，都城依然定在洛阳，司马炎就是晋武帝。

西晋都城洛阳

西晋都城洛阳由大城、大城里面的宫城和大城西北角的金墉城构成。西晋沿用了曹魏的宫殿，但在宫城东边新建了一座太子宫供太子居住，也叫东宫，所以后来也称太子为东宫。

大城北部靠西边的城门是大夏门，西晋时在大夏门内东侧修建了一座高大的宣武观，大夏门外则是操练士兵的宣武场。站在宣武观上，往北可将宣武场尽收眼底，往南能看到城内皇家园林华林园里的天渊池。晋武帝曾多次登上宣武观检阅军队。大城南部的城门宣阳门内建有冰室，用来贮藏冰块，到了夏天，皇帝会把冰块赏赐给王公大臣消夏避暑。宣阳门内还有西晋新建的太庙，高大的铜柱上涂满黄金，装饰着明珠，富丽堂皇。

西晋建立后，在洛阳重新设立了东汉、曹魏时都有的太学。太学生最多时有上万人，来自全国各地，最远的来自现在新疆一带。晋武帝和儿子晋惠帝先后多次来太学视察。晋武帝时又在太学西边几百米处兴修了国子学，两者都是国家最高学府。

寒门和士族

我们现在说寒门时是指贫寒的家庭，但在西晋，出身寒门的人不一定是穷人，还有可能是拥有很多土地的有钱人。寒门指寒微的门第，也叫庶族，"庶"是普通老百姓的意思。和庶族相对应的是士族，指的是那些世代都有人在朝廷当大官的家族。士族特别注重门第，不屑于和庶族通婚，甚至平时都不跟他们同坐一辆车。

魏晋南北朝时代，朝廷通过曹丕时开始实行的"九品中正制"选拔官员。到了晋代，士族已经成为一股强大的社会力量，他们占据着事少钱多权力大的职位，垄断了官员选择工具，负责评定、推举人才的中正官完全依据家世给官员定品级。出身寒门的人即使才能出众也只能定在下品，而出身士家大族的人即使才能和品德一般，也能位列上品，于是形成了"上品无寒门，下品无士族"的局面。这使得很多出身庶族的知识分子无法施展才能，实现抱负。

奢侈之风

西晋实现了长期分裂之后短暂的统一，农业生产得到恢复和发展，京城的商业更是兴盛。洛阳城里有兑换黄金的金市，城外有以买卖大批粮食为主的东市和西市，还有交易牲畜的羊市、马市。皇室贵族、大小官员们纷纷从商，洛阳出现了很多大富豪，贵族官僚们追求享乐，生活奢侈，攀比成风。

　　朝廷高官何曾一天的伙食费就要一万钱，吃饭时还抱怨没有下筷子的地方。司马炎的孙子司马遹（yù）一个月的零花钱是50万钱，还不够花，经常要预支下个月的。司马炎的姐夫王济在城郊山下建马场时，用铜钱铺地，人们称为"金沟"。一次，司马炎在他家吃了一道蒸小猪，异常肥嫩鲜美，就问是怎么做出来的，王济说这小猪是用人奶喂大的。司马炎听后都觉得太过奢侈，非常反感，饭都没吃完就走了。

　　当时洛阳城的首富是一个叫石崇的官员，司马炎的舅舅王恺很不服气，他们就经常比富。王恺家里用糖水洗锅，石崇就让厨房拿蜡烛当柴火烧。王恺用紫丝布做了40里长的步障，出门时拉开挡在路两边，遮挡灰尘和别人的视线；石崇就用更华丽的锦织成50里长的帷幕。石崇用香料花椒和泥涂饰墙壁；王恺就把更昂贵的赤石脂磨成粉，当涂料刷墙。司马炎为了帮舅舅斗富，特意赐给他一株二尺高的珊瑚树。王恺得意地捧去给石崇看，没想到石崇顺手拿起一柄铁如意把珊瑚树打得粉碎，然后满不在乎地让家人搬出六七株三四尺高的珊瑚树让他随便挑。

傻子皇帝司马衷

司马炎当了25年皇帝后去世,皇位传给了儿子司马衷,他就是晋惠帝。司马衷能当上皇帝,除了母亲杨皇后的尽力保全、妻子贾南风的辅佐助力,还在于他有一个聪明的儿子——司马遹。

司马遹5岁时,皇宫里着了火,司马炎赶紧登上高楼察看火势,司马遹却把爷爷拉到暗处,对他说:"半夜突然失火,还弄不清楚原因,皇上不应该站在明亮的地方,以免发生不测。"司马炎非常惊奇小孙子能想得这么周到。几天后,司马炎带着孙子去郊外视察官办的养猪场,司马遹说:"这些猪长得这么肥肥胖胖,为什么不杀了犒劳将士们,还留在这里白白浪费粮食呢?"司马炎再次吃惊5岁的小孩能有这样的见识,马上采纳了他的建议,并打消了换掉司马衷这个太子的念头。

和司马遹的聪颖相反,司马衷在历史上以"傻"闻名。有一次,他在华林园游玩,听到池塘里青蛙呱呱叫得热闹,就问:"这些呱呱叫的小东西是官家的还是私家的?"随从们都不明白皇帝为什么问这样的问题,连青蛙都要分清是朝廷的还是私人的。这时一个聪明的小宦官说:"在官家地里的就是官家的,在私家地里的就是私家的。"司马衷对这个回答非常满意。有一年,很多地方闹灾荒，百姓吃不上饭，饿死了很多人。司马衷听到官员报告后，奇怪地问："没饭吃，那他们为什么不吃肉粥？"饭都没得吃，还哪里会有肉粥呢？这件事也被传为千古笑谈。

这样一个傻子皇帝，自然没有能力管理国家，皇后贾南风为了和太后的父亲、辅政大臣杨骏争夺国家大权，派人请诸侯王带兵进京，宫廷内的争斗演变成导致西晋迅速衰落的"八王之乱"。

八王之乱

司马炎建立晋朝后，为了保证司马家族的统治地位，把他的儿子、侄子、堂兄弟等人分封为王，总共封了27个诸侯王。诸侯王有自己的封国和军队，他们的势力不断扩大，逐渐发展成独立的小王国，为八王之乱的爆发埋下了隐患。

291年，一心想要独揽朝政的皇后贾南风先是叫楚王司马玮带兵进京，杀了杨骏，太后也被关进金墉城活活饿死。接着，贾南风又请汝南王司马亮来辅政。司马亮不愿听命于皇后，皇后于是派司马玮杀了他，然后否认下过这样的命令，又反手杀了司马玮，把朝政大权握在自己手中。贾南风掌权后，设计废了不是自己所生的太子司马遹，并派人毒死了他，又抱了妹妹的孩子进宫，冒充是自己的孩子，立为太子。

赵王司马伦以皇后杀太子为借口，带兵攻进皇宫，杀了贾南风，废了惠帝，自己当了皇帝。这下其他的诸侯王可红了眼，他司马伦能当皇帝，我就不能当吗？于是更多的诸侯王参与到这场混战中来。这场皇室内乱持续了16年，到306年才告终结。八个诸侯王打来打去，七个王在这场动乱中被杀死。晋惠帝也被毒死，他的弟弟司马炽被立为皇帝，即晋怀帝。

八王之乱削弱了西晋的统治，给人民带来了巨大的灾难。各地人民纷纷起义，北部、西部的少数民族也大量往中原地区迁徙，并迅速发展壮大。西晋的统治已经岌岌可危。

西晋的灭亡

在西晋皇室为了争夺政权自相残杀的同时，各地接连遭受天灾，很多人活不下去了，只能背井离乡，流浪到别的地方去寻找活路，这些人被称为流民。

流民聚集起来形成一股股巨大的力量，各地流民不断起义，反抗西晋的统治。其中，以氐（dī）族人李特在四川地区领导的起义声势最为浩大。李特死后，他的儿子李雄在成都称帝，建立了成汉国。接着，匈奴、鲜（xiān）卑、羯（jié）、氐、羌（qiāng）五个少数民族和汉族先后在晋朝的北部和西部建立了十几个小国家，被统称为十六国。

其中的汉国（后来改名为赵国，也称汉赵、前赵）是匈奴贵族刘渊建立的国家。汉国三次派兵攻打洛阳，最后一次攻破洛阳城，活捉了晋怀帝，并在城里烧杀抢掠。魏晋两朝经营了近百年的都城洛阳化为一片废墟。晋朝一些皇室成员和官员逃往长安，拥立晋怀帝的侄子司马邺（yè）做皇帝，他就是晋愍（mǐn）帝。316年，匈奴军队攻破长安，晋愍帝脱光上衣坐着羊车，口里衔着玉玺，向匈奴兵投降，西晋灭亡。

这个短暂统一王朝的最后两任皇帝被俘后，都被带到汉国都城平阳（今山西省临汾市），为汉国君主刘聪倒酒、洗杯子、当卫兵，受尽侮辱，最后被刘聪下毒杀害。

科技文化

洛阳纸贵

西晋文学家左思花了10年时间精心构思,写成了《三都赋》,描绘了三国时期魏都洛阳、吴都建业、蜀都成都的繁华景象。文章写出来后,人们都想在第一时间细细欣赏这篇佳作,于是纷纷买纸传抄,一时之间洛阳城纸价大涨,从而留下了"洛阳纸贵"这个成语,用来称赞文章或书籍风行一时,流传很广。

喝酒、吃药、清谈

魏晋时期,由于政治黑暗,很多文人为了避免卷入纷争,沉湎于喝酒、服药,聚在一起讨论玄乎的哲学问题,称为清谈。竹林七贤中的阮籍为了躲开司马家的提亲,接连喝醉了16天。嗜酒如命的刘伶经常坐着鹿车,车上装着酒,让人扛一把锹跟在后面,说"如果我醉死了,就挖个坑把我埋了"。当时的名士流行吃一种叫"五石散"的药物,吃后会产生幻觉,浑身发热,所以魏晋名士都喜欢穿宽大的衣服,脚踩木屐,方便散热。西晋的清谈领袖王衍虽然身为宰相,却没什么治国才能,毫无气节,被敌军俘虏后只顾着保全自己,连敌军将领都斥责他说:"把天下弄得一团糟的,正是你这种人。"后来敌军将领让士兵半夜推倒墙壁把他压死了。

西晋 洛阳

掷果潘安

西晋时的潘安是中国古代出名的美男子。他年轻时坐车上街，路上的姑娘媳妇们都手拉着手围住他看。更有疯狂的粉丝把新鲜水果往他车里扔，上街走一圈，回家时已经装满了一车水果，于是有了"掷果潘安"这个成语，用来比喻美男子。不过，潘安可不是徒有其表，他同时也是一位文学家，和同时代的著名文学家、书法家陆机并称为"潘江陆海"（潘才如江，陆才如海）。八王之乱中，皇后贾南风为了陷害太子，召来潘安用太子的口气写谋反诏书，让酒醉的太子抄写，拿这个作为罪证废了太子。潘安本名叫潘岳，字安仁。有说法认为，正是因为他帮着贾南风谋害太子，称不上"仁"，所以后来人们只叫他潘安。

陈寿写《三国志》

三国时期，陈寿出生于现在四川的南充市，年轻时在蜀汉都城成都的太学上学，完成学业后在蜀汉朝廷做官。蜀汉灭亡后不久，西晋建立，陈寿被召到洛阳编写史书。他花了10年时间，撰写成30多万字的《三国志》，记叙了从东汉末年到西晋初年近百年的历史。

金谷园

西晋首富石崇的金谷园位于洛阳城东北。这座富丽豪华的私家园林方圆几十里，依山傍水而建，园内亭台楼阁错落有致，溪流萦绕，池塘鱼跃，桃李争艳，鸟鸣幽幽，是石崇招待权贵名流的地方。文学家潘岳、左思、陆机等24人常在这里聚会，被称为"金谷二十四友"。八王之乱中，石崇被造反的诸侯王杀死，家产被没收，金谷园从此衰落。

99

东晋 建康（南京）

历史都城
吴：建业 → 第 86 页
南朝：建康 → 第 116 页

以现在的南京（建业）为都城的东吴被西晋攻灭仅仅 30 多年后，南京再次成为国都，也就是六朝中第二个政权东晋的都城。西晋攻灭东吴后，把建业改名为建邺，后来为了避开晋愍帝司马邺的名讳，又改名为建康，这个名字一直用到南朝末年。

王马共天下

西晋末年，大量中原士族举家南迁。317 年，皇室后代司马睿在士族王导的支持下，在建康重建了晋朝，因为新都城建康在西晋都城洛阳的东边，历史上称为东晋，司马睿就是晋元帝。

司马睿是司马懿的曾孙，属于皇族中比较疏远的一支，本人也没什么才能，所以他刚到南方时，当地士族都不愿来归附他。王导想尽办法，极力帮司马睿拉拢南方的士族，还和堂兄王敦精心策划了一场巡游活动。巡游中，司马睿坐在金碧辉煌的马车里，排

东晋

317 年　420 年

列整齐的仪仗队在前面开路，王导、王敦率领北方来的士族们骑着马浩浩荡荡地跟在后面，阵容豪华，声势浩大。一路上，王导兄弟对司马睿毕恭毕敬，沿路的当地士族们看了，都觉得司马睿气度不凡，纷纷前来拜见。有了士族们的支持，司马睿这才在南方站稳了脚跟。

司马睿为了感谢王导帮他登上皇位，在登基大典上一再邀请王导和自己一同坐在皇帝的宝座上，接受文武百官的朝贺。所以当时老百姓们都说："王与马，共天下。"实际上，当时王导是宰相，掌握了政治大权；王敦是大将军，控制着军事大权，国家实权都掌握在王家手中，司马睿这个窝窝囊囊的皇帝没当几年就去世了。

祖逖北伐

在中国历史地图上可以看到，从西晋到东晋，国土面积减少了将近一半，就像一个大烧饼被啃掉了一小半，被啃掉的这片区域先后被成汉、前赵、前凉、后赵、前燕、前秦、后燕、后秦、西秦、后凉、北凉、南凉、南燕、西凉、夏、北燕十六个小国家占据，和东晋并存，历史上称为"十六国"。

晋朝的皇室和贵族们迁到南方后，贪图安逸，只想好好经营江南这块地方，根本没想着要夺回北方的土地。但也有一些有志之士心怀远大志向，以收复晋朝失地为己任，祖逖（tì）就是其中的一个。

祖逖年轻的时候，为了练习武艺，强健体魄，每天早上听到鸡叫就起床舞剑，留下了"闻鸡起舞"这个催人奋进的成语。西晋末年，祖逖流亡到江南。他主动请缨，请司马睿派他带兵北伐。司马睿不好拒绝，但只给了他一些钱财和布匹，让他自己去招兵买马。祖逖带着亲戚、同乡100多家横渡长江，船到江心时，祖逖拿起船桨敲着船头说："如果不能收复中原，我就像这滚滚而逝的江水，绝不回头！"渡过长江后，祖逖招募士兵，打造兵器，很快集结起2000多人的队伍，朝北方进军。经过几年的艰苦征战，祖逖收复了长江以北、黄河以南的大部分领土。

但就在祖逖取得节节胜利，马上就要打到黄河以北的时候，东晋的统治者却怕他功劳太大，威望太高，威胁到自己的统治地位，于是派官员前去制约他。这让祖逖非常灰心失望，不久就病死了。

淝水之战

十六国中的汉赵俘虏了西晋最后两个皇帝，攻灭了西晋。而十六国中最强大的国家是氐族人建立的前秦。前秦最初占据的主要地盘为战国时秦国一带，所以定国号为秦，都城在现在的陕西西安。苻（fú）坚当皇帝时，前秦统一了北方，国土面积超过了东晋。

383 年，苻坚准备发兵攻打东晋，统一天下。部下劝阻他说东晋有长江天险作为屏障，现在还不是攻打的好时机。苻坚却倚仗兵强马壮，说：“长江算什么？让我手下的将士们把马鞭扔进长江，堆积起来足以截断水流。”他亲自统率 80 万大军朝南进发，一个多月后到达了东晋北部边境，攻下了淝水河边东晋的军事重镇寿阳和西边的洛涧。

晋军趁着黑夜发起攻击，打败洛涧的秦军，在离寿阳城只有四里地的八公山下扎营。苻坚被突如其来的失败吓慌了神。他登上寿阳城楼，在夜色中

东晋 建康(南京)

看到八公山上树木摇动,误以为漫山遍野都是晋军,气势上先输了一半。到了决战那天,晋军提议秦军先后退,让晋军渡过淝水后两军再交战。苻坚想趁晋军渡河渡到一半时发起突击,于是答应了他们的请求,下令军队后撤。这一撤可就不可收拾,前秦的80万大军大多是被苻坚强行拉来打仗的各族人民,本就不想替苻坚卖命,现在听说要撤退,以为仗打败了,一个个掉头就往回跑。转瞬之间,队伍乱作一团,兵败如山倒,苻坚不得不骑上马赶紧逃命,一路上听到八公山上鹤叫的声音,还以为是晋军追上来了。成语"草木皆兵""风声鹤唳"都出自这场战争。

晋军大获全胜的消息传到建康时,宰相谢安正在家里跟客人下棋。看完捷报,谢安故作镇定地淡淡说了一句:"孩子们在前线打了胜仗。"等送走客人回内宅时,谢安完全抑制不住内心的喜悦,跨过门槛时不小心把木屐下的齿都磕断了。

刘宋代晋

东晋一朝,内部发生过多次叛乱。东晋初年,大将军王敦就带兵占领了建康附近的石头城,进攻建康,他病死后,这场叛乱才被平定下去。不久,将领苏峻发动叛乱,这次直接打进了都城和皇宫,烧杀抢掠,把文武百官当奴隶驱使,把宫里金银、布匹、粮食全部抢光。大将军陶侃带兵赶到建康,才平定这场叛乱。东晋末年,权臣桓玄打进建康,自己称帝,不多久被大将刘裕平定。

刘裕在镇压起义军、平定桓玄叛乱、北伐南燕和后秦的过程中,积累了战功和声望,掌握了朝政大权。420年,刘裕废掉东晋最后一个皇帝晋恭帝,自己称帝,国号宋。因为后来还有繁盛的宋朝,所以历史上把刘裕创建的宋朝称为"刘宋"。

科技文化

谢道韫的咏絮之才

东晋宰相谢安有个侄女叫谢道韫（yùn），是出了名的才女。一个下雪天，谢安和孩子们聚在一起谈论诗文，看着窗外越下越大的雪花，谢安问孩子们："你们说，这纷纷扬扬的白雪像什么？"侄儿谢朗说："撒盐空中差可拟。"像有人在空中撒盐。谢道韫摇摇头说："未若柳絮因风起。"还不如说是春风吹来，轻盈的柳絮在空中飞舞呢！谢安听了非常赞赏，觉得这个比喻又贴切又有诗意。后来人们用"咏絮之才"来称赞有文才的女子。

干宝和《搜神记》

干宝是晋元帝时期的一名史官，奉皇帝的命令写了一部记录西晋历史的史书《晋纪》，可惜这部书没能流传下来。但他的另一部作品《搜神记》直到今天仍被很多读者喜爱，书中收录了从上古到汉晋时期400多个神话传说和神奇怪异的民间故事，是中国的第一部神话小说集。

大书法家王羲之

谢道韫长大后嫁给了一个名叫王凝之的书法家，王凝之的父亲就是被人们称为"书圣"的王羲之。

王羲之苦练书法的许多故事流传至今。据说，他走路吃饭时都在揣摩字体笔法，边想边用手指在衣服上画，以至于把衣服都磨破了；吃馒头时还闹出过错把墨汁当蒜泥蘸（zhàn），吃得满嘴乌黑的笑话。他长年坚持练习书法，不论去到哪里都不间断，写完字后到住处附近的池塘清洗毛笔砚台，时间一长，把整片池塘的水都染黑了，人们便称这池塘为墨池。在浙江、江西等多地至今都有他留下的墨池。

王羲之最出名的代表作是他创作并书写的《兰亭集序》，被称为"天下第一行书"。据说，唐太宗李世民是王羲之的超级粉丝，他想尽办法得到了《兰亭集序》原作，这部绝世作品在他死后还充当了他的陪葬品。我们现在看到的《兰亭集序》都是后世书法大家的临摹之作。

 东晋 建康（南京）

陶渊明和田园诗

陶渊明是东晋名将陶侃的曾孙，年轻时当过一些小官，但他内心深处最渴望的是回到家乡，过读书种地的田园生活。他的最后一任官职是在彭泽当县令，因为不愿为了薪水对傲慢无礼的上司点头哈腰（不为五斗米折腰），当了80多天县令后便交了官印，辞官归隐田园。

陶渊明开创了"田园诗"题材，"采菊东篱下，悠然见南山""种豆南山下，草盛豆苗稀。晨兴理荒秽，带月荷锄归"等名句被很多人熟知。他的散文《桃花源记》描绘了一个与世隔绝的村落，那里没有战争、没有赋税、没有暴政和压迫，人们过着自食其力、幸福美好的生活，以至于现在人们会把风景优美、民风淳朴的地方或是幻想中的美好世界称为"世外桃源"。

顾恺之的点睛之笔

顾恺之是东晋著名的画家，尤其擅长画人物、佛像、山水，代表作有《女史箴（zhēn）图》《洛神赋图》《列女仁智图》，原作都已经失传，现在留存的只有唐宋时期的摹本。

据说，建康城在修建瓦官寺时，顾恺之答应捐款100万。他用一个月的时间在寺里的白墙上画了一幅维摩诘（jié）像。画作基本完成后，只剩下眼睛没画，顾恺之对和尚说："你去请大家来寺里看画，头一天看的要捐10万钱，第二天看的捐5万，第三天看的随便他们捐多少。"结果第一天寺里就挤满了来看画的人，只见顾恺之举起画笔给画像点上眼睛后，维摩诘像瞬间好像获得了生命，栩栩如生，围观的人赞叹不已，和尚趁机请大家捐款，很快就筹满了100万。而顾恺之的"点睛之笔"后来也成了一个成语，用来形容艺术作品中最精彩、最关键的内容。

👁 看得见的历史

南京市博物馆

　　位于南京市秦淮区水西门内朝天宫。东晋时期，开国功臣王导在这一带修建了一座名为西园的别墅，常召集当时的名士在这里聚会。南京市博物馆建于1978年，馆内的南京城市史展展出文物1600余件，分5个部分呈现了远古到秦汉、六朝、隋唐宋元、明清、民国时期的南京历史与文化。馆内收藏的东晋嵌金刚石金指环是我国现在已经发现最早的钻石戒指；出土于王氏家族墓葬的铜方炉为东晋贵族使用的生活用具。

朱雀桥边野草花，乌衣巷口夕阳斜。
旧时王谢堂前燕，飞入寻常百姓家。
　　　　　　　　——唐·刘禹锡《乌衣巷》

乌衣巷

　　位于南京市秦淮河上文德桥旁南岸，为东晋最大的士族王、谢两家的府邸所在地。东晋名臣王导和谢安、书法家王羲之王献之父子、诗人谢灵运都出自这两大家族。乌衣巷名的由来有两种说法：一说三国时这里是东吴禁军军营，因士兵穿黑衣而得名。另一说法是王、谢两家的子弟爱穿乌衣以彰显身份尊贵，因而得名。唐代诗人刘禹锡来这里寻访古迹时，写有诗作《乌衣巷》。现在巷内建有"王导谢安纪念馆"。

瓦官寺

　　位于南京市秦淮区花露北岗12号，始建于东晋，原为官府管理制陶业的机构所在地，所以得名。据说晋代时寺内藏有"三绝"：狮子国（今斯里兰卡）赠送的玉佛像、东晋雕塑家戴逵父子所造的佛像、东晋画家顾恺之绘制的《维摩诘示疾图》壁画。

东晋 建康（南京）

玄武湖

位于南京市城区紫金山下，是中国最大的皇家园林湖泊，历史上曾叫桑泊、秣陵湖、后湖、北湖等。东晋建立后，晋元帝下令疏浚北湖，加深湖床，扩大水域，用来训练水军。南朝宋文帝在这里修建皇家园林，把此湖改名为"玄武湖"。六朝时期的湖面比现在更广阔，与长江连通，周围有各代修建的林苑楼阁。湖中有环洲、樱洲等五座湖心岛，岛上和湖周留存有大量古迹。五洲春晓、台城烟柳、古塔斜阳等"玄武十景"为景区内最具代表性的景点。

六朝博物馆

位于南京市玄武区长江路302号，是一座全面展示六朝文物与文化的遗址博物馆。馆内负一层一段长25米、宽10米的夯土墙遗址为六朝建康宫城的建筑遗址，展厅内陈列有陶俑、青瓷、石刻等大量六朝时期珍贵文物，直观呈现六朝建康城的城市规模和当时的生活场景。馆内收藏的东晋文物蝉纹金珰（dāng）为一件金质镂空的蝉纹冠饰。汉晋时期，蝉纹金珰常和貂尾配套，合称貂蝉，为皇帝身边近臣的冠饰。

东晋历史文化博物馆

位于南京市江宁区竹山东麓，为全国第一家全面展示东晋历史文化的博物馆，与展示江宁历史变迁的江宁博物馆二馆合一。馆内陈列有兽面纹瓦当、青瓷鸡首壶等大量东晋文物，用画卷投影、塑像等形式再现王导、谢安、王羲之、顾恺之、陶渊明、谢灵运等东晋名士的生活场景。

北朝 洛阳

历史都城

东周：洛邑 → 第 28 页
东汉：洛阳 → 第 64 页
魏：洛阳 → 第 74 页
西晋：洛阳 → 第 92 页

东晋灭亡后，中国依然处于南北方分裂的局面。北方有五个朝代先后出现或同时并立，统称为北朝；南方是宋、齐、梁、陈四个朝代的依次更替，统称为南朝。这段历史时期被称为南北朝时期。

北朝从 386 年拓跋珪（guī）建立北魏开始算起，100 多年后，北魏分裂成东魏和西魏，又过了一二十年，北齐取代东魏，北周取代西魏，到 581 年杨坚夺取北周政权为止，总共延续了 195 年。

拓跋珪建北魏

与晋朝并立的十六国中，有五个国家都是由鲜卑人建立的。鲜卑族是生活在我国北方和东北方草原、森林一带的一个古老民族，靠放牧和狩猎为生。汉代时势力最大的游牧民族匈奴被汉军赶走后，鲜卑族趁机占据蒙古草原，逐渐崛起。

鲜卑族有一个部落叫拓跋（tuò bá）部，最早住在东北的兴安岭附近，后来南迁到现在的山西一带，他们的首领被西晋朝廷封为代王。东晋时，前秦的苻坚攻灭了代国。淝水之战中，苻坚惨败，代王的后代拓跋珪趁着这个机会重建了代国，不久后改国号为魏。为了避免和三国时期的魏国混淆，历史上称拓跋珪建立的魏国为北魏，这就是北朝的第一个朝代。

拓跋珪是个非常能干的君主，既会打仗，又会治理国家。他让鲜卑人改变过去那种靠打猎放牧为生的生活方式，像中原人一样学着开荒种地，生产粮食。打仗时，用丰厚的战利品奖励作战勇敢的

386 年　　　581 年

将士。经过十几年的征战，北魏成为黄河流域最强大的国家，398年，拓跋珪把都城从盛乐（今内蒙古和林格尔北）迁到平城（今山西省大同市），正式称皇帝。

拓跋珪向汉人学习，模仿中原国家建立起官职、户籍制度。他还在平城设立了一所太学，招收了3000多名太学生，请那些满腹经纶的汉族读书人当老师，教他们《诗经》《周易》《春秋》等儒家经典著作。

拓跋珪的孙子太武帝拓跋焘即位后，消灭了十六国中的最后几个国家，统一了北方；而在南方，刘宋已经取代了东晋，南北朝对峙的局面正式形成。

魏孝文帝迁都洛阳

北魏的第7位皇帝孝文帝拓跋宏年幼时继承皇位，他长大后，要做的第一件大事就是迁都。他想把都城迁到中原腹地、靠近南朝的洛阳，加强对黄河流域汉人的统治，同时也是为攻打南朝、统一中国做准备。可是这个想法一说出来，立即遭到了鲜卑贵族们的强烈反对。北魏定都平城已近百年，鲜卑贵族几代人在这里积累起大量土地和财富，过着安逸舒适的生活，现在突然说要抛家舍业跑到陌生的地方去，谁都不乐意。

拓跋宏想了个主意，就对大家说，那就不迁都，我们去打齐国吧。494年，拓跋宏带着文武百官，率领30万步兵、骑兵浩浩荡荡地出发了。到洛阳时，正是秋雨连绵的季节，孝文帝带着官员们参观了西晋的宫殿遗址。从匈奴攻破洛阳到现在，西晋宫殿已经被废弃了170多年，凄风苦雨中，昔日皇宫的断壁残垣更显得破败荒凉。官员们不禁想起当年太武帝拓跋焘南征刘宋，战败后狼狈逃回北方的情景，担心这次南征也会失败而归。这时，拓跋宏突然翻身上马，下令大军出发，继续南行。大臣们跪在马前请求停止南征。拓跋宏便说："要停止前行也可以，那你们得答应我把都城迁到这里来，等将来时机合适，再一举南下，统一全国。"文武大臣们被

皇帝骗到洛阳，
想想和继续南征相比，
迁都更能接受一些，只好都答应了。

迁都洛阳后，孝文帝又实施了一系列汉化政策。他下令鲜卑人不许说鲜卑话，一律改说汉语；抛弃窄袖短衣的游牧民族服装，改穿汉人的衣服；鼓励鲜卑人和汉人通婚。为了让鲜卑贵族改汉姓，他率先把自己的姓"拓跋"改成了"元"，从这以后他就叫元宏了。

孝文帝的改革加强了北方各少数民族和汉族的融合，促进了北魏的社会发展，但由于统治者和鲜卑贵族滥用民力、奢侈挥霍，到他的孙子这一辈，北魏走向了没落。

北魏的分裂

北魏初期，为了防范北方的柔然等游牧民族侵扰，朝廷在北方边境地区设立了6个军镇，称为边镇，由守边将领对当地军民实行军事化管理。到了北魏后期，由于边镇将领残酷压榨手下的士兵和当地百姓，士兵和百姓联合起来，发动了一场持续两年多的边镇大暴动。起义被镇压后，20多万起义军民被俘虏，押往河北各

北朝 洛阳

地，军民们再度发动起义，最后又被北魏军队镇压下去。

接连的起义削弱了北魏的统治，手握兵权的将领趁机控制了朝廷大权。边镇将领高欢立孝文帝的孙子当皇帝，这就是孝武帝。但孝武帝不愿当高欢的傀儡，跑去投奔了另一个将领宇文泰。534年，高欢改立孝文帝的曾孙元善见当皇帝，这就是孝静帝，还把都城迁到了东边的邺城（今河北省临漳县）。另一边，宇文泰杀了孝武帝，立了孝文帝的另一个孙子做皇帝，都城建在西边的长安。

这样一来，同时有了两个皇帝、两个都城，北魏被一分为二。后来人们根据两个魏国的相对位置，把东边的叫东魏，西边的叫西魏。两个皇帝都没有实权，东魏和西魏的国家实权分别掌握在高欢和宇文泰手中。

北齐和北周

东魏和西魏虽然只存在了一二十年的时间，但双方打了许多场仗。这一年，高欢集结了东魏几十万大军攻打西魏的玉壁城（今山西省稷山西南）。高欢采用了断水源、堆土山、挖地道、撞城墙等种种攻城手法，但都被西魏守将韦孝宽一一化解，持续50天的攻城守城战以东魏失败而告终。

玉壁大战后不久，高欢就病死了，他的儿子高澄、高洋先后执掌东魏大权。550年，高洋逼迫孝静帝让出皇位，自己当皇帝，改国号为齐，历史上叫北齐。高洋当皇帝的头几年，南征北战，治理国家，取得了很大的成绩，扩展了北齐的版图，但后来便只顾享乐，残酷压迫人民。而且他性情残暴，以亲手用酷刑杀人为乐。高洋死后，为了争夺皇位，叔叔杀侄子的戏码多次上演，皇室内部骨肉相残，几个皇帝一个比一个荒淫残暴，北齐的国势迅速衰落下去。

西魏那边，权臣宇文泰死后，557年，他的儿子宇文觉在堂兄宇文护的策划下，逼西魏皇帝"禅让"皇位，建立周朝，历史上叫北周。不久后，宇文护便杀了宇文觉，另立了一个皇帝，后来又毒死新皇帝，立宇文泰的另一个儿子宇文邕（yōng）为皇帝。宇文邕就是周武帝，也是北周唯一一个有作为的皇帝。

北方的统一

从北魏以来，佛教非常兴盛，为了造石窟、修寺庙，统治者花费的钱财不计其数。当时，北周境内有寺庙一万多座，和尚、尼姑200多万人。寺庙拥有大量土地，租给农民耕种，实际上成了盘剥农民、不劳而获的大地主。再加上和尚不用交税，也不用服兵役，国家的收入大大减少，打仗也征不到足够的士兵。于是周武帝下令在全国禁止佛教，没收寺庙财产，让和尚、尼姑们去种地或当兵。这个举措不仅增加了国家的财富，也减轻了老百姓的负担，军队的实力也扩充了。

575年，周武帝率领大军攻打北齐。这时，北齐的最后一个皇帝高纬还只顾着变着花样取乐。他在皇家园林里弄了一个贫儿村，让宫女、太监都化装成穷人，他自己也穿着破破烂烂的衣服，挂着根棍子，提着个破竹篮，挨家挨户讨饭。高纬爱好音乐，他创作了一首《无愁曲》，经常让人在宫廷里演奏，有时自己抱着琵琶弹唱，让几百人来唱和，老百姓都叫他"无愁天子"。北周大军压境，正在打猎的高纬还要等打完一场猎后，再带兵前去抵抗。等他赶到时，边境城池已经被周军占领，齐军大败。周军一路追到北齐都城邺城附近，逃回邺城的高纬斗志全无，慌忙把皇位传给儿子后出逃，想去投奔南朝，中途被周军抓获。

577年，周武帝攻灭北齐，中国北部归于统一，全中国的大统一时代即将来临。

北朝　洛阳

科技文化

《洛阳伽蓝记》

东魏迁都邺城后，当过北魏、东魏官员的杨衒（xuàn）之重游洛阳，追忆当年洛阳佛寺林立的盛况，写下《洛阳伽（qié）蓝记》，记录洛阳城中佛寺的规模和兴衰变迁，以及相关的人物和奇闻逸事。"伽蓝"来自印度梵（fàn）语音译，就是佛寺的意思。

郦道元和《水经注》

郦道元是北魏的一名官员，曾经负责管理都城洛阳，还去很多地方当过地方官。他游历名山大川，访问名胜古迹，记录河流的源头走向和历史变迁、沿岸的城镇兴衰和风土人情、流传的民间故事和神话传说，给记述河流水系的地理书《水经》加上了详细的注解。《水经》原书只有一万多字，加上注解后成了一部长达30多万字的著作——《水经注》，共记载了1200多条大小河流。这不仅是一部内容丰富的地理书，也是一部文笔生动的山水游记。

北朝民歌

北朝时在民间传唱最广的诗歌有《敕勒川》和《木兰辞》。《敕勒川》描绘了一幅富饶广阔的草原美景图。东魏攻打玉璧城失败后，在撤军途中，统帅高欢曾用这首歌来鼓舞士气，安定军心。《木兰辞》讲述了北朝女孩木兰女扮男装、代父从军的故事，也反映出北朝后期受北方少数民族的侵扰，朝廷经常大量征兵的历史现实。《木兰辞》和东汉时的《孔雀东南飞》都是乐府诗中的杰作，被人们称为"乐府双璧"。

贾思勰和《齐民要术》

生活在北魏末年的贾思勰（xié）在当时农业生产比较发达的高阳郡（今河北省高阳县东）当地方官时，一边向当地的农民和牧民学习生产知识，一边自己种地、养鸡养羊，从实践中总结经验。经过多年的学习研究和资料收集，写出了总结农业生产技术的《齐民要术》，这是我国现存最早的一部农书。

👁 看得见的历史

云冈石窟

位于山西省大同市西郊武周山南面崖壁上。北魏孝文帝的爷爷文成帝在位时，派僧人昙曜（tán yào）负责在当时的都城平城郊外开凿石窟，就是在石头崖壁上开凿出石洞，并在石壁上雕刻出立体的佛像，供人们膜拜。最早由昙曜开凿的五个石窟，后来被称为"昙曜五窟"。之后人们在周围继续开凿新的石窟，前后持续了60多年。现在留存有主要洞窟40多个，大大小小的石雕像5万多尊。其中最出名的是第20窟的释迦牟尼坐像，有将近5层楼高，据说是按照北魏开国皇帝道武帝拓跋珪的形象塑造的。云冈石窟于2001年被列入《世界遗产名录》。

龙门石窟

位于河南省洛阳市郊外伊河岸边的龙门山上，与云冈石窟、甘肃敦煌的莫高窟、甘肃天水的麦积山石窟并称为"中国四大石窟"。孝文帝迁都后，在新都城洛阳郊外开凿石窟，代表石窟为古阳洞、宾阳中洞。宾阳中洞的《帝后礼佛图》浮雕表现的是孝文帝和皇后拜佛的场景，20世纪被盗卖到国外。龙门石窟的开凿历经10多个朝代、1400多年，共有石雕像11万多尊，其中最大的卢舍那大佛刻凿于唐朝时期，是按照女皇武则天的形象雕刻的，高17米多，光耳朵就有1.9米长。龙门石窟于2000年被列入《世界遗产名录》。

净土寺

位于龙门石窟旁的伊河东岸，始建于北魏道武帝拓跋珪时期。隋唐时为皇家寺院。隋朝末年，《西游记》中唐僧的原型唐玄奘（zàng）在这里出家学习佛法，几年后离开净土寺去往唐朝京城长安。

悬空寺

位于山西省大同市浑源县东南郊的恒山脚下。悬空寺始建于北魏时期,孝文帝拓跋宏把都城从平城迁往洛阳之前。寺院建在绝壁上,几座殿阁看似只由十几根木柱支撑,实际上是以半插进崖壁的横梁为基础修建,在崖壁上高低错落分布。远远看去,整座寺院像悬挂在半空中,因而得名。寺下岩石上"壮观"二字据说是唐代诗人李白游览此寺后题写。

永宁寺遗址

位于河南省洛阳市东约15千米处的汉魏洛阳故城遗址内。孝文帝迁都洛阳后大规模兴建佛寺,最多时光洛阳就有1300多座佛寺,全国约3万多座。孝文帝的儿媳妇成为太后、掌管朝政大权后,在皇宫西南侧修建了永宁寺。寺里的佛像都是用黄金铸造或是玉石雕刻的,其中最大的一尊金佛高5米多,用了几万斤黄金。寺内的永宁寺塔为一座9层木塔,高约130多米,但建成18年后就因雷击着火被焚毁。

永宁寺塔复原图

少林寺

位于河南省洛阳市东南40多千米处,河南登封嵩(sōng)山少室山下,是北魏孝文帝为他敬仰的印度高僧修建。孝文帝的孙子孝明帝时,印度僧人菩提达摩来到少林寺,他开创的禅宗教派在唐代成为佛教的最大宗派,少林寺也成为中国佛教禅宗祖庭。少林寺的历代僧人潜心研习武艺,少林功夫名扬四海,是中国武术的重要流派。2010年,少林寺的常住院、初祖庵、塔林作为登封"天地之中"历史建筑群被列入《世界遗产名录》。

南朝 建康（南京）

历史都城
吴：建业 → 第 86 页
东晋：建康 → 第 100 页

南朝是定都建康依次更替的宋、齐、梁、陈四个朝代的总称，从 420 年刘裕夺取东晋政权、建立刘宋开始，到 589 年南朝最后一个朝代被新创立的隋朝吞并为止，总共延续了 169 年。看这段时间的历史，你会发现，历史总是惊人地相似：权臣夺取皇位，改朝换代，开国皇帝勇武能干，到后来皇族内部互相残杀，再被权臣夺去皇位，建立新朝代。

平民出身的皇帝

中国历史上，真正由普通百姓当上皇帝的人并不多，南朝刘宋的开国皇帝刘裕就是其中一个，另外知名的还有汉朝的开国皇帝刘邦、明朝的开国皇帝朱元璋。

刘裕出身贫穷，他出生不久母亲就去世了，姨妈把他抱去喂养，所以刘裕的小名叫"寄奴"，就是寄养在别人家的孩子。宋代词人辛弃疾的词句"斜阳草树，寻常巷陌，人道寄奴曾住"，这里的"寄奴"说的就是刘裕。

刘裕长大后加入驻扎在东晋首都建康附近的北府兵，在一次次的战斗中，逐渐成长为北府

南朝
宋齐梁陈

420年　　589年

兵中出名的将领。东晋末年，大将军桓玄发动叛乱，收买了刘裕的顶头上司，打进建康，自己当了皇帝。刘裕暗中联合军中的中下级军官，打败桓玄，把被赶下皇位的东晋皇帝又接回了都城，成了东晋的大功臣。接下来的几年间，他带兵消灭了十六国中的南燕和后秦，被朝廷任命为相国，封为宋公。420年，刘裕见自己在朝中的地位已经稳固，便毫不客气地废了东晋最后一个皇帝，自己称帝，把国号改为宋，这就是南朝的第一个朝代，历史上称为刘宋。

　　刘宋朝延续了59年，是南朝四个朝代中国力最强、疆域最广的朝代。刘裕的儿子宋文帝刘义隆在位时，减免租税，发展农业生产，挑选真正有能力的人当官，严厉惩治贪官污吏，国家太平，人民安定，呈现出一派欣欣向荣的景象。这样一个好皇帝，后来却被自己的儿子杀死。这仅仅只是一个开始，刘宋朝后面的20多年里，为了争夺皇位，皇族内部兄弟、叔侄之间杀来杀去，皇族实力大大减弱，给了掌握权力的大臣们可乘之机。479年，被封为齐公的大将萧道成逼小皇帝交出代表国家政权的玉玺，终结了乱成一团的刘宋朝，建立了南齐。

短暂的南齐

　　萧道成从刘宋的灭亡中得出两条结论，一是刘宋后期的皇帝生活奢侈无度，加重了人民的负担；二是皇室内部自相残杀，削弱了自身力量。

　　为了避免重蹈刘宋的覆辙，萧道成从自己开始做起，过俭朴的生活。他砸碎了皇帝礼服上精美的玉佩等饰品，规定以后都不许再用。皇宫里很多日用器物、仪仗用品、车马装饰，原本都是用金子做的，他下令全都撤掉，或者是改用铁制。他常说的一句话是："等我管理天下十年，让黄金和泥土同价。"他经常教导子孙要相亲相爱，临死时更是再三叮嘱太子说："萧家的兄弟叔侄如果犯了错，可以教训，但千万不要杀人。"尽管萧道成用心良苦，却没能管用。他的儿子萧赜（zé）当了11年皇帝后病死，皇室又陷入自相残杀的混乱中。502年，南齐皇族的远房亲戚萧衍带兵打进建康，逼迫南齐皇帝"禅让"，把国号改为梁，萧衍就是梁武帝。

南齐只存在了短短23年，是南朝四朝中最短命的朝代。

想当和尚的皇帝

梁武帝萧衍可以称得上是南朝最富传奇性的皇帝。南朝延续169年，总共有24个皇帝，但梁武帝一个人就统治了47年。

梁武帝在当皇帝的前期工作勤奋，生活俭朴，每天起早贪黑批改公文，冬天手上都冻裂了口子。平时吃的是粗茶淡饭，穿的衣服、盖的被子一用就是好多年，宫廷里的摆设都很简单。梁武帝是一个虔诚的佛教徒，到了晚年，他更加沉迷于拜佛念经，每天早晚都去同泰寺参拜，还把佛教定为梁朝的国教。在皇帝的大力提倡下，全国各地修建起大量寺庙。唐朝诗人杜牧的诗中称："南朝四百八十寺，多少楼台烟雨中。"实际上，梁朝的寺庙远不止这么多。当时全国各地大大小小的寺庙共2800多座，光是建康城里就有700多座，和尚、尼姑10多万人。

历朝历代很多人为了当皇帝，不知杀了多少人，梁武帝的皇位也是从别人手中抢来的，可等他坐稳了皇位，又不想当皇帝了，

◀ 僧人吃素的由来 ▶

大家都知道，出家的和尚、尼姑是不能吃肉的，但佛教刚传进中国时，并没有这样的规定。正是梁武帝下令僧人一律吃素食，从这之后，中国僧人才形成吃素的传统。梁武帝在位时，甚至规定不许用猪牛羊祭祀神灵，改用蔬菜祭祀。

南朝 建康（南京）

想要出家当和尚。梁武帝先后四次到同泰寺出家，每次出家后，都暗示大臣们交给寺里一大笔钱，把自己赎出来，四次出家总共花了四亿钱。

侯景之乱

梁武帝沉迷佛教，不仅滥用民财民力，也分散了自己的精力，在政事处理上犯了很多错误。

梁武帝统治后期，北方的北魏已经分裂成东魏和西魏。侯景原本是东魏高欢手下的将领，高欢死后，儿子高澄接替了他的位子。侯景和高澄不和，于是跑去投降了西魏，但西魏并不信任他，侯景便投降了梁朝。梁武帝任命侯景为大将军，并派兵北上接应他。结果梁军和侯景都被东魏打败，侯景好不容易逃到梁朝境内时，手下只剩800多人。东魏提出要和梁朝讲和，梁武帝答应了。侯景知道后再次反叛，带领军队攻打梁朝。

548年，侯景打到建康城外，守卫建康城南面正门宣阳门的正好是侯景的内应、梁武帝的侄子萧正德。萧正德打开城门，侯景轻松进入都城，包围了皇宫所在

地台城。梁武帝被困在台城里，常年吃素食的他到后来也不得不靠卫兵抓麻雀、逮老鼠充饥。几千士兵坚守了100多天后，台城最终失陷。侯景把梁武帝囚禁在皇宫里，不给饭吃，85岁的梁武帝英雄一世，临死前想喝口蜂蜜都讨不到，凄惨死去。

侯景封自己为宇宙大将军，在建康城作威作福。三年后，梁武帝的儿子萧绎（yì）和大将陈霸先打败侯景，收复建康，侯景逃到半路被自己的手下杀死。

棺材前的夺位战

侯景之乱平息后，南朝又展开了新一轮的皇族厮杀。为了抢夺皇位，梁元帝萧绎的侄子请来西魏军当"外援"，另一些将领则勾结北方取代了东魏的北齐，使得梁朝的内部纷争发展成为与北朝间的战争。大将陈霸先打败北齐后，声望大大提高。557年，被封为陈国公的陈霸先废掉梁朝皇帝，改国号为陈，陈霸先就是陈朝的开国皇帝陈武帝。

陈朝也躲不过一场场皇族厮杀。陈霸先死后，皇位传给了侄子陈文帝陈蒨（qiàn）。陈蒨死后，皇位传给儿子，但一年多后，他弟弟陈顼（xū）抢了侄子的皇位，这就是陈宣帝。陈宣帝不会想到，他的儿子抢夺皇位比他还要心急。陈宣帝刚咽气，二儿子陈叔陵就准备动手杀了当太子的大哥陈叔宝。在他大叫"拿剑来"时，手下人没领会他的意思，送来一把仪式用的木剑，他只好暂时作罢。第二天，陈宣帝的遗体刚放进棺木中，陈叔宝正拍着棺材放声大哭，陈叔陵拿起一把刀就朝叔宝砍去，砍伤了他的脖子。周围的人冲过来拦的拦、拉的拉，这才保住叔宝一条命。

陈叔陵刺杀失败后，逃到皇宫附近的东府城，把监狱里的犯人放出来，拉起一支队伍和朝廷对峙，最后被朝廷的军队杀死。陈叔宝登上皇位，他就是陈后主。

南朝 建康（南京）

隔江犹唱《后庭花》

南朝终结200多年后的一个寒夜，诗人杜牧的小船停泊在南京秦淮河边，听到岸边酒楼里传出的歌声，有感而发，写下了"商女不知亡国恨，隔江犹唱后庭花"的诗句。商女是指卖唱的歌女，《后庭花》则是陈后主创作的一首歌——《玉树后庭花》。

陈叔宝坐上皇位的前两年，在北方，隋国公杨坚建立隋朝，取代了北周，杨坚就隋文帝。隋文帝的下一个目标就是消灭长江南边的陈朝，统一中国。这时的陈后主，全然不知亡国之祸就在眼前，还在忙着修建豪华的宫殿，整天和宠爱的妃子一起吃喝玩乐，奏乐赋诗，根本不理政事。

隋朝50万大军分八路南下攻打陈朝，陈叔宝想着北边有长江做天然屏障，没把大军来犯当回事。589年正月初一，陈叔宝还在宫殿里宴请文武百官，庆祝新年，隋军已经趁着大雾渡过长江，包围了建康城。由于没有积极的筹备和得力的统帅，城里十几万守军如一盘散沙，不堪一击。

隋军很快打进建康城，攻进了皇宫。陈叔宝拉着两个宠爱的妃子慌忙躲进宫中一口枯井里。隋军听说陈后主跳了井，从井口放下绳子去拉人，没想到一下子拉上来三个人。隋军看到后主的狼狈样，鄙夷地说："有这种荒唐的君主，怎么能不亡国！"陈叔宝被押到隋朝都城长安，活了10多年后死去。

陈叔宝不仅是陈朝最后一位君主，也是整个南朝的最后一位君主。陈朝的亡国标志着延续了169年的南朝的终结。

科技文化

画上眼睛的龙飞走了

张僧繇是南朝时的大画家,尤其擅长画佛像、龙、鹰。传说梁武帝时,他给建康城里新建的安乐寺画壁画,在墙壁上画了四条龙后都没有画眼睛,他说:"如果画上眼睛,它们就都飞走了。"大家都不相信。张僧繇只好给其中两条龙画上了眼睛。很快,两条龙从墙上飞出来,腾云驾雾飞上天去了,只剩两条没画眼睛的龙留在墙壁上。成语"画龙点睛"就出自这个故事。

刘义庆和《世说新语》

刘义庆是刘宋开国皇帝刘裕的侄子,他的代表作《世说新语》是一部笔记体的短篇小说集,记录了东汉后期到魏晋时期众多名士的逸闻逸事,故事篇幅短小,语言精练幽默,生动呈现了名士们的个性特点和当时的社会风尚。

一本字不重样的启蒙读物

梁朝大臣周兴嗣(sì)奉梁武帝之命,把从王羲之书写的碑文中挑出的1000个不重样的字编成一篇文章,作为皇子们的识字课本,这就是《千字文》。全文共250句,四字一句,对仗工整,条理清晰,读起来朗朗上口。《千字文》是中国古代的儿童识字启蒙读物,和《三字经》《百家姓》合称"三百千",至今仍被无数孩子诵读。

南朝　建康（南京）

太子当主编

萧统是梁武帝的长子，一岁时就被立为太子，但还没来得及当皇帝就死了，谥号昭明，被称为"昭明太子"。他主持编选了一套诗文集，挑选了从先秦到梁朝100多位作家的700多篇作品，这就是《昭明文选》，简称《文选》，是中国现存的最早一部诗文总集。

竟陵八友

梁武帝萧衍不仅是梁朝的开国皇帝，还是一位文学发烧友。他创建梁朝前，和沈约、谢朓（tiǎo）等七位文人聚集在南齐竟陵王萧子良周围，经常在一起赋诗作文，彼此唱和，被称为"竟陵八友"。沈约是一位史学家，代表作是记录刘宋历史的《宋书》。他年老后身体消瘦，经常要缩紧腰带，后来诗文中的"沈约瘦腰""沈腰""沈带"都是出自他的典故。谢朓是一位诗人，他和同族的叔叔谢灵运被后人分别称为"小谢"和"大谢"。

不信鬼神的范缜

南朝时，全国上下都信佛，生活在齐、梁时期的范缜（zhěn）却反对佛教宣扬的因果报应、人死神不灭等思想。他写了一篇《神灭论》，书中说：人的肉体和精神的关系就像刀刃和锋利的关系一样，没有了刀刃，锋利无从谈起；离开了身体，也就不会有精神。梁武帝曾经组织60多位高僧和王公大臣与范缜展开辩论，也没能驳倒他。

山水诗鼻祖谢灵运

谢灵运生活在东晋到南朝刘宋时期，少年时因避战乱来到建康，住在乌衣巷。刘宋初年，他到处游山玩水，创作了大量描写山水风景的山水诗，被称为山水诗鼻祖。

池塘生春草，园柳变鸣禽。
《登池上楼》

祖冲之推算圆周率

科学家祖冲之出生在刘宋时期的建康城，20多岁时在朝廷的华林学省做科技研究工作。他推算出圆周率数值在3.1415926和3.1415927之间，这一成果领先世界近千年。另外，祖冲之还发明了利用水力带动石杵石磨舂米磨面的水碓（duì）磨，创制了当时最科学的历法《大明历》。

123

👁 看得见的历史

定山寺

位于南京市浦口区定山狮子峰下，是梁武帝为高僧法定修建，并赐名定山寺。禅宗始祖菩提达摩曾在这里修行，寺中留有达摩岩、宴坐石、卓锡泉、达摩画像石碑等遗迹。

鸡鸣寺

位于南京市玄武区鸡笼山东坡，始建于西晋。南梁时梁武帝在这里建造了同泰寺，四次出家在寺里当和尚。明朝时改名为鸡鸣寺。寺内有口井名叫胭脂井。传说南朝末年，隋军打进陈朝皇宫时陈后主带着两个宠妃躲进井里，隋军把他们从井里拉出来时，宠妃们的胭脂蹭在井口上，于是得名胭脂井。

雨花台

位于南京市雨花台区中华门南，是一处顶部平坦、风景秀丽的山岗，因为盛产玛瑙石，也被称为石子岗、聚宝山、玛瑙岗。景区内有始建于晋朝的高座寺。传说梁朝时，云光法师在高座寺后山顶筑坛讲《法华经》时，天空突然飘落下五彩缤纷的花朵，像下雨一样，花朵落地变成晶莹透亮的小石子，雨花台因而得名。成语"天花乱坠"就来自于这个故事。

北极阁

位于南京市玄武区鸡鸣寺路1号。南朝时为皇家园林，南朝宋时在山顶上建有日观台，明代朱元璋时在这里建观象台，现建有中国北极阁气象博物馆。

南朝 建康（南京）

燕子矶

位于南京市栖霞区幕府山东北角长江边上，山石突出江边，三面环水，像一只燕子展翅欲飞，因而得名。"矶"指突出江边的岩石或小石山。南京燕子矶和马鞍山采石矶、岳阳城陵矶合称"长江三矶"，燕子矶作为古代长江的重要渡口和军事重地，更是有"万里长江第一矶"之称。梁朝末年，北齐渡江攻打南梁，梁朝大将军陈霸先率军在燕子矶和幕府山大破北齐军。

栖霞寺

位于南京市栖霞区栖霞山，始建于南齐，最初名为栖霞精舍。寺内山崖上有一组南朝时开凿的石窟，共有佛像500多尊，称为"千佛岩"。这是江南地区唯一的石窟造像群，也是我国唯一的南朝石窟。寺内还有始建于隋代、南唐时重建的舍利塔。唐代高僧鉴真曾在栖霞寺居住，寺内建有鉴真纪念堂。

玄奘寺

位于南京市玄武区九华山公园内。宋文帝刘义隆时，在九华山南开辟皇家园林乐游苑。现在的寺庙为2003年重建，寺内有供奉唐代高僧玄奘大师顶骨舍利的三藏塔，为一座5层楼阁式青砖塔。

灵谷寺

位于南京市玄武区紫金山东南坡，始建于南梁。梁武帝为了纪念僧人宝志禅师，修建了开善精舍和志公塔，后建为寺院。明朝开国皇帝朱元璋选定此寺一带为自己的陵墓地址后，把原寺迁到现在的地方，并赐名"灵谷禅寺"。寺内的无梁殿为明朝建筑，整座建筑用砖石砌成，不用木梁，所以称为无梁殿。

南京博物院

位于南京市玄武区紫金山南麓、中山门内北侧。南京博物院大殿为仿辽代宫殿式建筑，馆内收藏文物40多万件，包括国宝级文物南朝"竹林七贤与荣启期"模印砖画。模印砖是用陶泥做成模子，把图案压在砖坯上烧制而成。

125

隋 大兴（西安）

历史都城
西周：镐京 → 第18页
西汉：长安 → 第50页
唐：长安 → 第134页

隋朝的开国皇帝杨坚出生于北周一个贵族家庭，他的父亲杨忠是北周的开国功臣，被周武帝封为隋国公。杨忠死后，杨坚继承了隋国公的爵位。

继承周武帝皇位的是他的大儿子周宣帝宇文赟（yūn），宣帝的皇后正是杨坚的女儿。宇文赟只当了一年皇帝便把皇位让给6岁的儿子宇文阐（chǎn），一年后病死。581年，皇太后的父亲、辅政大臣杨坚逼迫外孙宇文阐把皇位"禅让"给自己，并把国号改成隋，杨坚就是隋文帝。589年，隋朝攻灭南方的陈朝，结束了西晋末年以来270多年的分裂局面，中国重新归于统一。

定都大兴城

北周的都城在长安，杨坚建立隋朝后，也把首都定在这里。长安上一次作为统一政权的都城，还是在汉朝时。这之后魏晋南北朝时期的360多年间，长安城的主人换来换去，古城也经历过多次战火，汉长安城早已经残破不堪，地下水也受到了污染，打出来的井水都是咸的。

隋文帝当上皇帝后第二年，便下令在汉长安城的东南方新建了一座都城——大兴城。大兴城北部中央是宫城，叫大兴宫，是皇帝居住和办公的地方。宫城的南面是皇城，与宫城之间隔着一条横街。皇城是朝廷各个部门的办公地，皇帝祭祀祖先的太庙、祭祀土地神和谷神的太社也在这里。到隋文帝的儿子隋炀帝时，开始修建

581年 618年

都城的外郭城。官员的府邸、供百姓居住的里坊都在外郭城，另外还有都会市和利人市两座大市场。

改立太子

隋文帝认为，以前很多朝代，兄弟间为了争夺皇位互相残杀，是因为这些兄弟不是一个妈生的，所以他和皇后相亲相爱，他的五个儿子五个女儿都是皇后生的。隋文帝万万没想到，同一个妈生的孩子，争夺起皇位来照样不会手下留情，儿子甚至还会向老父亲挥起屠刀。

隋文帝的大儿子杨勇聪明能干，为人宽厚，很早就被立为太子。可是，杨勇个性率真，不拘小节，平时生活奢侈，这让推崇节俭生活的隋文帝非常不满。二儿子杨广虽然平时也过着奢侈无度

的生活，但在隋文帝面前却处处装出一副勤俭节约的样子，又暗地里结交文帝信任的大臣，让他们在文帝面前诋毁太子，帮自己说好话。杨广故意把家里的琴弄断几根弦，不去擦拭，让琴蒙上一层灰。文帝和皇后来他家探访时，他把自己的一群小妾都关进柴房，装出一副只和妻子恩爱的样子。这让文帝非常满意，于是废了杨勇，改立杨广为太子。

604年，隋文帝病重，杨广原形毕露，甚至调戏文帝的妃子。文帝这时才知道被二儿子蒙骗了，想重新立杨勇为太子。杨广一不做二不休，干脆带兵包围了文帝住的仁寿宫，害死了文帝，又假造文帝的遗嘱逼杨勇自杀，登上了皇位，他就是隋炀帝。

修建东都

隋炀帝是历史上又一个出名的暴君。他即位后不久，就动用全国200多万人力，在洛阳为他修建豪华宫殿。建皇宫的很多材料从遥远的南方运过来。一根做梁柱的大木头就需要2000多人才能拖动，一天只能走几十里，从江西运到洛阳共2000多里路，很多民夫在艰苦的劳动中活活累死了。

605年，洛阳城建成。洛阳在北周时为陪都，称为东京，隋炀

大设计师宇文恺

东都的总设计师宇文恺出生于北周的一个武官世家。和喜欢骑马射箭、练习武艺的哥哥们不一样，宇文恺从小就喜欢读书，对建筑等技艺特别感兴趣。隋文帝夺取北周的天下后，大肆杀戮北周皇族宇文家族的人，宇文恺凭借自己的才学躲过了杀身之祸，并被隋文帝任命为负责工程建设的官员。隋朝都城大兴城和东都洛阳城的城市规划和宫殿设计都出自宇文恺之手。他还设计建造了装有轮子的移动宫殿"观风行殿"，能容纳几千人的超级大帐篷，供隋炀帝出外巡游，招待少数民族首领，炫耀隋朝国力。

隋 大兴（西安）

帝新建洛阳城后，改称东都。东都洛阳的宫城和皇城位于西北部。宫城名为紫微城，是皇帝居住和办公的地方，正殿名叫乾阳殿。宫城南边是名为太微城的皇城，宫城东边为东城，皇城和东城是朝廷各部门的办公地。洛阳城东部和南部是分布在洛水南北两岸的外郭城，为官员、贵族和老百姓居住的地方。外郭城里还有通远、大同、丰都三个大市场。

在洛阳城西郊，隋炀帝下令修了一座巨大的皇家园林——西苑。西苑里有被称为"海"的湖泊，湖中间用石头、泥土堆积起小岛，岛上建起华丽的亭台楼阁。到了冬天，树木凋零，人们为了哄隋炀帝高兴，用彩色的绢帛剪成花朵和树叶挂在树枝上。湖里结冰了，便把冰块凿掉，用绢帛制成莲叶莲花，装点在湖面上，营造出四季如春的景象。西苑里还种着很多奇花异草，饲养了许多珍禽异兽，供皇帝观赏、打猎。其中有从河北运来的20箱牡丹，这也是洛阳最早的人工栽培牡丹。现在，牡丹已经成为洛阳市的市花。

连通南北的大运河

在修建东都城的同时，隋炀帝还开始了另一项大工程，那就是挖运河。

中国的地势是西高东低，所以长江、黄河等大部分河流都是从西往东流的。有了河流，粮食等大批量物资可以通过船只运输，这可比在陆地上靠车马和人力运送方便多了。但缺少了贯穿南北的大河，南北方向的交通就非常不方便。隋炀帝于是逼迫几百万百姓为他挖运河，前后用了6年时间，开挖了一条以洛阳为中心，北到北京、南到杭州的大运河，后来被称为京杭大运河。

大运河从南到北沟通了钱塘江、长江、淮河、黄河、海河五大水系。大运河贯通后，造福了人们1000多年。然而，当年的开凿过程却伴随着隋朝百姓的斑斑血泪。

隋炀帝年轻时在江都（今江苏扬州）当了十几年地方官，很喜欢这个南方城市，所以他下令开凿运河，虽然是为了加强对南方的统治，方便南北方之间的物资运输，但还有一个很直接的目的，就是能坐着大龙舟，舒舒服服地到扬州去玩。

当时，朝廷命令全国 15 岁以上的男子都要去挖河，老人、小孩、妇女也得到工地上去帮着做饭。为了龙舟能够畅通无阻，运河挖得又宽又深。为了挖运河，前后征发了数百万人，因为工期紧，劳动强度大，加上监工催促责打，大量民夫悲惨死去。

龙舟巡游

第一个享受大运河便利的就是隋炀帝。运河刚挖好，隋炀帝就迫不及待地从洛阳出发了。隋炀帝坐的大龙舟高 10 多米，长 60 米，共有四层，中间两层有 120 个装饰精美的房间，就像一座移动的宫殿。后面还跟着皇后、妃子以及王公贵族们的船只几千艘，大小船只首尾相连，排出 200 多里长。岸边用粗绳拉着船只行走的纤夫 8 万人，另外还有大批护送船队的骑兵。

运河两岸修有大道，道路两旁种植着榆树、柳树。从长安到洛阳再到江都，沿运河修建有 40 多座供皇帝一行休息的斋宫。船队经过的地方，两岸百姓都得献上食物，地方官吏也趁机搜刮百姓，给皇帝进贡。在这之后，隋炀帝又两次乘船巡游江都，每次都给运河沿岸的百姓带来巨大的灾难。

除了修宫殿和挖运河，隋炀帝还征集了 100 多万人修长城，抵御北方突厥军队的侵扰。又先后三次征发上百万士兵攻打朝鲜半岛上的高丽国。百姓们苦不堪言，只好起来反抗；隋朝的官员、将领也趁机发动叛乱。

隋炀帝最后一次巡游江都时，隋朝的统治已经岌岌可危。隋炀帝也预见到自己的末日即将来临，不敢再回北方的都城，整天躲在江都的宫殿里喝酒玩乐。有一次还看着镜子里的自己说："这么好的脑袋，不知将来会被什么人砍掉呢？"

618 年，隋炀帝宠信的将领宇文化及带领跟随和保护皇帝的禁兵发动叛乱，在士兵的逼迫下，隋炀帝解下腰带，士兵们就用这条

带子把他勒死了,隋朝名存实亡。

两个多月后,带兵打进大兴城的唐国公李渊废掉傀儡皇帝,建立唐朝,仅仅存在了37年的隋朝彻底灭亡。就像在强盛的汉朝之前有个短暂的秦朝一样,隋朝也成为强大唐朝之前一个短暂的序曲。但它们结束了长期的分裂局面,一些好的政策被后面的朝代继承,迅速覆亡的教训被汲取,为汉唐盛世打下了基础。

行走的宫殿

隋炀帝是个热爱旅游但又不愿意在旅途中吃苦的皇帝,几次南下扬州坐的都是豪华大龙舟。为了在陆路上旅行时也像坐船一样舒服,他让宇文恺设计了一种带轮子的宫殿,可以推着行走,殿里可以装下几百名卫兵。这种移动宫殿叫作"观风行殿"。隋炀帝曾在几十万士兵的护送下坐着"观风行殿"去北部边境巡视,让边境的少数部族又惊又怕,以为是天神降临。

科技文化

科举制

隋文帝废除了魏晋南北朝时期的九品中正制，开创了通过考试选拔官员的科举制。"科举"是指朝廷设定科目，通过分科考试，把那些真正有才能的人推举、选拔出来做官。科举考试的具体科目和考试流程在不同朝代会有不同，但科举制一直沿用到清朝末期的1905年。科举考试的最高一级是在皇宫举行的殿试，于唐代时创立。殿试第一名叫状元，第二名叫榜眼，第三名叫探花。

疏通丝绸之路

汉代开辟的丝绸之路在魏晋南北朝时代得到了一定程度的发展，但由于战争和分裂，丝路时断时续。到隋代初年，西部兴起的突厥和吐谷浑阻断了这条商路。隋炀帝招抚和征伐两手并用，亲自到北部和西部巡视，在"观风行殿"宴请西域各王国的君主和使臣，疏通了丝绸之路。位于现在甘肃省的张掖成为当时中西方贸易的中心。长安、洛阳的市场里也有大量来自西域的商人和商品。中原地区的商品最远卖到了欧洲的罗马等地。

《游春图》

隋朝大画家展子虔的《游春图》描绘了早春时节人们在山水之间游玩的场景，是中国最早的山水画作。这幅画在绢上的作品历经千余年流转，一直留存到了今天，现收藏在北京故宫博物院。

赵州桥

河北赵县洨（xiáo）河上的赵州桥由隋朝工匠李春设计建造。这座桥全部用石头砌成，长50多米，桥下的大石拱横跨两岸，是当时世界上跨度最大的石拱桥。大石拱的两侧肩上，各开有两个小拱，既节省了石料，又减轻了桥自身的重量。洨河发大水时，水流还可以从小拱里流过，减弱水流对桥的冲击。正因为有着科学巧妙的设计，赵州桥在历经1400多年风雨之后，至今仍屹立在洨河上，是世界上现存最古老的石桥。

隋 大兴（西安）

👁 看得见的历史

隋唐洛阳城国家遗址公园

位于洛阳市老城区，在隋唐洛阳城皇宫紫微城遗址的核心区域内建成。隋唐洛阳城地跨洛河两岸，由宫城（紫微城）、皇城（太微城）、外郭城以及多座小城构成，始建于隋朝，唐、五代、北宋时仍作为都城或陪都。园内主要景点有唐代的明堂、天堂、九洲池等建筑遗址。

乾阳殿

位于隋唐洛阳城国家遗址公园内，为隋唐皇宫紫微城的正殿。东都建成后，隋炀帝在这里举行盛大的典礼，接受来自各国的使节的朝贺，称为"万国来朝"。唐朝初年，秦王李世民攻破洛阳后放火焚毁乾阳殿。唐朝时在这里先后修建了乾元殿和明堂。

乾阳殿复原图

应天门

位于隋唐洛阳城国家遗址公园内，为紫微城的正南门，隋朝时名为则天门，唐代为避女皇武则天的讳改名为应天门。应天门由中间的城门楼、两旁的朵楼和东西两侧向南延伸出的阙楼组成，整体呈"凹"字形，五座建筑像五只凤凰歇在城门上，所以也叫五凤楼。应天门影响了后来北京明清皇宫正门午门的形制布局，这两座城楼非常相似。现在已建成应天门遗址博物馆，于2019年开放。

定鼎门

位于洛阳市洛龙区关林镇，为隋唐洛阳城外郭城的正南门。隋朝时名为建国门，唐朝改名为定鼎门。现在已在遗址上建成定鼎门遗址博物馆，于2009年开放。2014年，隋唐洛阳城定鼎门遗址作为"丝绸之路"中的一处遗址被列入《世界遗产名录》。

唐 长安（西安）

历史都城
西周：镐京 → 第 18 页
西汉：长安 → 第 50 页
隋：大兴 → 第 126 页

　　唐朝的开创者李渊出生于北周一个将领家族，从他爷爷开始三代被北周封为唐国公。隋朝取代北周后，李渊被隋炀帝任命为太原留守，但炀帝对他不太信任，一直都提防着他。李渊的二儿子李世民到处结交英雄豪杰和谋士，招兵买马，劝李渊起兵。父子俩杀了隋炀帝派到太原监视他们的官员，带领军队向大兴进发，一路上打开粮仓，把粮食分给百姓，又废除了隋朝一些严苛的法律，得到百姓的拥护，当年秋天就攻进了大兴城。李渊立隋炀帝的孙子为皇帝。618 年，隋炀帝在扬州被勒死的消息传来，李渊废了小皇帝，建立了唐朝，他就是唐高祖。

唐都长安

　　唐高祖把大兴改回原来的名字长安，定为都城，并在隋代大兴城的基础上加以扩建。古老的长安城再次迎来了辉煌，不过，这也是长安最后一次成为统一政权的首都。

　　唐代的长安城包括内城和郭城两大部分。内城位于郭城北部正中间，被一条横街分为北边的宫城和南边的皇城。宫城的中部是太极宫，正殿叫太极殿，是皇帝上班的地方。皇城是朝廷各部门办公的地方。郭城从东、南、西三面环抱着内城，由 20 多条大街分成 100 多个排列规整的"坊"，里面住着京城的贵族、官员和普通百姓。郭城东部和西部的中心地带分别设有东市和西市，是人们买卖东西的大市场。

唐

618年　907年

承天门
位于太极殿南面，为宫城正门。承天门外的横街宽400多米，是长安城内最宽阔的街道，相当于现在北京天安门前长安街（宽约120米）的三倍多宽。每逢元旦、冬至、皇帝生日等重大节日，或宣布重要政令、检阅军队、国外使节来访，隆重的典礼都在承天门举行，文武百官在横街上按官阶高低列队。

西市
城西人口多，很多外国官员和商人也住在西市周围，西市比东市更加繁荣。

大明宫
唐太宗李世民修建，位于太极宫的东北边，正殿为含元殿。唐高宗李治时，改在大明宫办公，原本在承天门举行的盛大典礼都移到含元殿举行。

玄武门
太极宫的北门，同时也是和皇城南门朱雀门相对应的皇城北门。

朱雀大街
长安城中心南北向的主干道，宽约150米，从朱雀门直通都城南门明德门。

东市
东西两市都是中午开门，日落时关门。东市靠近贵族官员们的居住区，有几千家店铺，其中已经有卖雕版印刷品的书店。

居民区
城内所建100多个坊为居民区，每个坊都有自己的名字。坊周围建有围墙，开两个或四个坊门。天亮和日落时分街上会敲响街鼓，坊门按时打开和关上。

玄武门之变

太极宫的北门叫作玄武门,守卫宫廷的军队就驻扎在这里。唐朝初年,这里发生了一件大事,被称为"玄武门之变"。

当初,唐高祖李渊能夺取天下,二儿子李世民功劳最大。可是按照规定,皇帝要立最大的儿子为太子,所以,李世民的哥哥李建成当了太子。李建成知道自己实力没有弟弟强,声望也没他高,于是拉拢了另一个弟弟齐王李元吉一起对付秦王李世民。他们一有机会就在李渊面前说李世民的坏话。时间一长,李渊也对这个儿子有了戒心,逐渐疏远了他。李世民的处境越来越艰难,于是决定抢先动手。

626年六月的一天早晨,李世民带人埋伏在玄武门附近。玄武门的守将原本是太子的心腹,但被李世民收买。太子和齐王骑着马准备从玄武门进宫去上朝,走到半路发现情况不对,赶紧调头就走。李世民一马当先,追过来喊道:"太子、齐王,为什么不去上朝?"齐王慌忙回身放箭,但一连三箭都没有射中。李世民一箭射中太子,齐王也被李世民手下的将领尉(yù)迟敬德射杀。太子和齐王被杀,他们手下的士兵也一哄而散。

尉迟敬德去向唐高祖李渊报告:"太子和齐王叛乱,已被秦王

平息。"事情发展到这个地步,李渊只好立李世民为太子,把国家大事都交给他管理,后来更是提前退位,让出皇位做了太上皇。李世民当上了皇帝,他就是唐太宗。

唐太宗的"镜子"

唐太宗李世民是历史上一位备受人们称赞的皇帝,武能骑马打仗,文能识人用人。他常教导儿子说:"水能载舟,亦能覆舟。老百姓就像水,皇帝是水上的一条船。水可以托起船,也能够让船沉没。当皇帝一定要爱护百姓,才能得到百姓的拥护。"

魏征原本是太子李建成手下的谋臣,他多次劝太子杀了李世民。玄武门之变后,李世民质问他为什么要挑拨自己兄弟间的关系。魏征说:"可惜先太子没听我的话,不然怎么会落到现在这步田地。"李世民听了不但没有发怒,反倒非常敬佩他敢于说真话,于是把他留在了身边。魏征给唐太宗提了很多有益的意见,劝阻他强征不到18岁的男子当兵,制止他赦免因为贪污被罢官的老部下,批评他在巡察途中像隋炀帝一样挑剔当地官员进献的食物……以至于后来,唐太宗见到魏征就怕。一次,唐太宗正在逗一只小鹰玩,听说魏征来了,怕他说自己玩物丧志,赶紧把小鹰藏在怀里。

等魏征汇报完工作走后，太宗才敢把小鹰拿出来，可惜小鹰已经被闷死了。

唐太宗曾说："人们用铜镜照镜子，可以知道自己是否穿戴整齐；把历史当成一面镜子，可以知道历朝历代兴衰更替的原因；把别人当成一面镜子，可以知道自己做得对还是不对。"魏征死后，唐太宗悲伤地说："没有魏征，我失去了一面镜子。"

唐太宗的年号是"贞观"。因为勤奋工作、善用人才，他当皇帝的20多年里，经济发展，社会安定，历史上称为"贞观之治"。

历史上唯一的女皇帝

在中国历史上，以皇后、太后、太皇太后身份执掌国家大权的女性有很多，但真正当过皇帝的女性只有一位，那就是唐朝的武则天。

武则天最初只是唐太宗的一个普通妃子，唐太宗死后，她和许多妃子一起被送到皇宫外的寺庙里当尼姑。唐太宗的儿子李治继位当皇帝后，又把武则天接回宫当自己的妃子。后来，武则天设计让唐高宗李治废了皇后，立自己为皇后。

唐高宗体弱多病，又没有什么治国才能。武则天当皇后时就已经参与管理国家大事，赢得了很多大臣的支持。高宗死后，武则天的两个儿子李显（唐中宗）、李旦（唐睿宗）先后继位。武则天则以皇太后的身份把持着朝政，皇帝成了摆设。有些大臣看不

唐 长安（西安）

下去，起兵造反，想把武则天赶下台。武则天派出大军镇压了叛乱，又杀了朝廷中反对她的文臣武将。690年，唐睿宗迫于压力，带着满朝大臣请武则天亲自当皇帝。于是，已经66岁的武则天正式登上皇位，并把国号改为"周"，定都洛阳。

武则天当皇帝期间，善于任用贤才，开创了科举考试中的"殿试"，就是皇帝亲自担任考官，在宫殿里监考。另外，她还开设了"武举"，选拔有武艺的人才。她当政期间，唐朝延续了唐太宗统治时期的繁荣盛况。

武则天晚年，朝廷大臣发动政变，拥护唐中宗重新登上帝位，都城也从洛阳改回了长安。唐中宗的皇后和女儿都想学武则天当女皇帝，几年后，她们俩便合谋毒死了唐中宗。已经退位的唐睿宗的儿子李隆基带着长安城里的军队打进皇宫，杀了皇后和公主，恢复了唐睿宗的帝位。两年后，唐睿宗把皇位让给儿子李隆基，他就是唐玄宗。

开元年间的盛世景象

唐玄宗当了44年皇帝，是唐朝在位时间最长的皇帝。他任命了姚崇、张九龄等一批贤明能干的官员当宰相，把国家治理得井然有序。唐玄宗当了两年皇帝后，把年号改为"开元"。开元时期的20多年里，人民富足，天下太平，官府和百姓家的粮仓里都装满了粮食，历史上称这时的盛世景象为"开元之治"。

国际化大都市

唐长安城人口最多时超过100万，其中外国人约有10万，是当时世界上最大的都城。唐朝与70多个国家和地区有往来，各国都称中国人为"唐人"。直到现在，一些国家的中国人聚居区还被称为"唐人街"。

官员
唐朝官员的服装为圆领窄袖袍衫，颜色按品级来划分，三品以上穿紫色，四五品为红色，六七品为绿色，八九品为青色。

巡查的官兵

来自西域的胡商

日本遣唐使

女子
唐朝女孩最喜欢穿的是五颜六色的齐胸襦（rú）裙。

140

🛆 唐 长安（西安）

唐三彩
盛行于唐代的一种上釉陶器，以黄、绿、白三种色彩为主，大多用作随葬品。

开元通宝
开元通宝并不是开元年间铸造的，而是唐高祖时铸造的钱币。"开元"为开辟新纪元的意思。唐朝近300年里，百姓们花的大多是开元通宝。

胡舞
从西域少数民族地区传到中原的各种胡舞是贵族和百姓都非常喜欢的娱乐活动，京城人们学跳胡舞成为一时风尚。其中的"胡旋舞"以飞快旋转为特点，据说安禄山就是一位擅长跳胡旋舞的高手。

宵禁
虽然白天的长安城热闹非凡，但到了晚上，市民是不许出门上街的，称为"宵禁"。晚上在街上被巡查士兵抓到的行人都会被绑起来，打二十板子，关上一夜后再放行。不过，如果家里有人生病、生孩子等紧急事情和大事，凭坊里开的证明，晚上是可以出门的。

新罗商人

安史之乱

唐玄宗当皇帝的前30年，勤奋贤明，任用贤才，开创了唐朝盛世。可时间一长，他就骄傲自大起来，开始追求享乐，而且只爱听好话。在说好听的话这件事上，正直的大臣可比不过那些心眼儿多的大臣。那些大臣中，最出名的要数李林甫、杨国忠和安禄山。

李林甫靠着巴结玄宗最亲近的宦官取得了玄宗的信任，当上了宰相，把张九龄等正直的官员都挤出了朝廷。人们都说阴险狡诈的李林甫"嘴上像涂了蜜，肚子里却像藏了把剑"，成语"口蜜腹剑"最早说的就是他。

杨国忠呢，他是唐玄宗最宠爱的妃子杨贵妃的堂兄。杨贵妃受宠，他也跟着沾光，加上会讨好皇帝，后来接替李林甫当了宰相。

安禄山更是出奇。他是个胡人，因为能带兵打仗，加上会拍上司和皇帝的马屁，从普通士兵一路晋升为掌管10多万大军的节度使。安禄山见唐玄宗宠爱杨贵妃，就厚着脸皮认了比自己小10多岁的杨贵妃为干妈。每次进皇宫拜见皇帝时，安禄山都先拜贵妃，后拜唐玄宗。唐玄宗问他原因，他说："按我们胡人的规矩，都是先拜母亲，再拜父亲。"唐玄宗听后乐得哈哈大笑，认为他不仅忠心，而且单纯可爱。

其实，安禄山比李林甫、杨国忠的野心更大，他的目标是取代唐玄宗，自己当皇帝。他一面讨好玄宗，一面在暗地里招兵买马，打造兵器，准备发动叛乱。苦心经营10年之后，755年，安禄山和部将史思明借口讨伐杨国忠，在范阳起兵。历史上称这次叛乱

唐 长安（西安）

为"安史之乱"。几个月后，大军就打到了长安东边的潼（tóng）关。眼看就要攻进长安城来了，唐玄宗慌忙带着杨贵妃、杨国忠等家人亲信逃往四川。逃难途中，在随行将士们的逼迫下，唐玄宗处死了杨贵妃兄妹，不久后又被迫把皇位传给了儿子唐肃宗。

安禄山发动的这场叛乱持续了八年才被平息。战乱给国家和人民带来巨大的灾难，唐朝的盛世景象也一去不返。

甘露之变

唐朝后期，宦官的权势越来越大，他们随意废掉或杀死皇帝，另立新皇帝，成了唐朝实际上的统治者。

唐文宗即位后，和宰相李训、将军韩约等官员约好，准备把以仇士良为首的宦官集团一网打尽。835年的一个冬日，韩约在上早朝时报告说，自己官署后院昨晚降下甘露，请皇帝过去观赏。甘露就是有甜味的露水，古人认为天降甘露是吉祥的象征。唐文宗便带着官员和宦官们前往，先后派官员、宦官去院子里查看。韩约事先已经安排好士兵躲在幕布后，等宦官们进院后关门诛杀。可他陪着仇士良进院子时，大冬天的竟然紧张得满头大汗。这时一阵风吹

143

来，露出幕布后面的士兵。仇士良赶紧跑出院子，劫持唐文宗逃了出去。之后，仇士良派出士兵在皇城里大肆搜捕屠杀参与密谋的官员，李训、韩约等人都被杀害，史称"甘露之变"。从这之后，再也没人能动摇宦官的地位，只能任由他们把持朝政，为非作歹。

长安城的劫难

安史之乱时，安禄山的军队攻进长安，在城里抢劫三天，把老百姓的财物抢了个精光。后来的甘露之变时，宦官仇士良派士兵在城里搜捕杀戮官员，不少工匠、商人也被杀害，一些流氓地痞也趁火打劫，抢劫商铺。可见在唐朝，住在都城也是缺乏安全的。

到了唐朝最后几个皇帝时，皇帝昏庸奢侈，贵族侵占土地，税收沉重，又接连遭遇天灾，百姓的日子越来越过不下去了。875年，黄巢率领几千人在山东起义。短短几年时间里，起义队伍转战长江南北，发展到60万人。起义军打到潼关时，当时的皇帝唐僖宗像唐玄宗一样，带着妃子和皇子们逃到四川去了。881年，黄巢率领军队进入长安，即位称帝，国号大齐。

起义军初进城时，纪律严明，但不久后就在城内搜捕、杀害唐朝皇族和官员，抢劫钱财，失去了百姓的拥护。一年多后，在唐军的围攻下，黄巢不得不撤出长安城。不久后，黄巢自杀，起义失败，但原本是黄巢手下将领的朱温最后成为唐朝的终结者。

黄巢起义后期，朱温投降了唐朝，掉转枪头打黄巢，成了唐朝的大功臣。几年后，唐僖宗的弟弟唐昭宗被宦官扶上皇位，唐昭宗想要摆脱宦官的控制。朱温接到宰相的密

唐 长安（西安）

信，带兵进京诛杀宦官，把持朝政100多年的宦官集团终于被杀了个精光，但唐昭宗也成了完全被朱温控制的傀儡。904年，朱温挟持唐昭宗迁都洛阳，同时命令士兵拆毁长安城中的宫殿、王府和民居，把材料运到洛阳营建新宫。都城百姓也在士兵刀枪的逼迫下去往洛阳，长安城成为一片废墟。

到洛阳后不久，朱温便杀了唐昭宗，立他13岁的儿子李柷（zhù）为帝。907年，朱温声称小皇帝"禅位"于他，即位称帝，建立了梁，历史上称为后梁。唐朝延续了289年，共经历了21位皇帝，到此正式宣告灭亡。

科技文化

诗仙李白

李白是盛唐时的大诗人，他为人豪爽大方，喜欢喝酒、作诗、舞剑、旅游、交朋友，被人们称为"诗仙"。唐玄宗曾把李白召到皇宫里写诗作文，据说还让最宠爱的妃子杨贵妃为他磨墨，最宠信的太监高力士为他脱鞋。即便这样，李白仍觉得在宫里为皇帝写诗无法实现自己的伟大抱负，于是离开长安，继续到各地游历，写下了大量被人们广为传诵的优美诗篇，有900多首流传到现在。

诗圣杜甫

比李白小11岁的杜甫生活在唐朝由盛转衰的时期，他的很多诗描写了真实的历史、人们的痛苦，被称为"诗史"，他被誉为"诗圣"。唐朝是诗人辈出的朝代，除了李白和杜甫，唐代还涌现出一大批著名诗人，流下了大量脍炙人口的诗歌。

初唐	王勃 杨炯 卢照邻 骆宾王
盛唐	王维 李白 杜甫 岑参
中唐	李贺 元稹 白居易 韩愈 柳宗元
晚唐	杜牧 李商隐 温庭筠

颜真卿和柳公权

颜真卿是生活在唐朝后期的一位大书法家，擅长楷书和行书，他的楷书端庄雄伟，被称为"颜体"。70多岁时，颜真卿因为拒绝与叛乱将领同流合污、当面痛骂反贼而被杀害。比颜真卿小70岁的柳公权也是一位楷书大家，他的楷书骨力遒劲。颜柳二人的书法并称"颜筋柳骨"，颜体字和柳体字至今仍被很多学书法的小朋友学习临摹。

鉴真东渡

唐代僧人鉴真曾在长安遍访高僧，学习佛法。应日本僧人邀请，他6次东渡大海，历尽艰辛，甚至在途中因为患上眼病而失明，终于在最后一次成功到达日本，在当时日本的首都奈良传授佛法。他按照唐代建筑风格主持修建的唐招提寺保存至今。

唐 长安（西安）

雕版印刷

在长方形木板上刻出整版凸起的反字、刷上油墨后印刷在纸页上的雕版印刷术发明于隋唐时期。从这之后，批量制作书籍成为可能。印制于868年的《金刚经》是我们现在能看到的早期雕版印刷精品之一。

阎立本

阎立本是唐代初年的大画家，代表作有太极宫中凌烟阁上魏征、秦琼等唐朝24位开国功臣的画像，刘邦、曹丕等历史上13个帝王的《历代帝王图》，最出名的作品《步辇图》则描绘了吐蕃国王松赞干布派使臣来长安求婚，唐太宗接见使臣的情景。

吴道子

吴道子是唐玄宗时期的宫廷画师，在长安、洛阳一带的佛寺和道观中画过300多幅壁画。画中的人物千姿百态，尤其是衣带飘飘欲飞，被人们称为"吴带当风"。

文成公主和亲

641年，文成公主从长安出发，前往位于现在西藏地区的吐蕃，嫁给吐蕃族的首领松赞干布。这种中原王朝的统治者把公主嫁给少数民族首领，彼此成为亲戚、保持和睦友好的交流方式，就叫作和亲。文成公主带去了很多日用器具、生产工具、绸缎珠宝、茶叶、粮食和蔬菜种子，还有各种书籍，把汉族先进的文化和生产技术带到了吐蕃，促进了吐蕃的发展。

来自东土大唐的僧人

看过《西游记》的人都知道，孙悟空的师父叫唐三藏。孙悟空是虚构的，唐三藏却是历史上的真实人物，不过他并不姓唐，而是唐朝的一位僧人，法号叫玄奘，因为精通印度佛学中的《经藏》《律藏》和《论藏》，也被称为唐三藏。唐太宗贞观初年，玄奘从长安出发，往西穿过沙漠，翻过高山，前往佛教的发源地天竺（现在的印度一带）。在印度考察游历、学习钻研10多年后，玄奘带着600多部佛经回到长安，并用19年时间主持翻译出了75部佛经。印度古代称天竺、身毒，正是玄奘最早把这个地名翻译为"印度"。

👁 看得见的历史

乾陵

位于咸阳市西北，为唐高宗李治和武则天的合葬墓。陵墓前并排矗立着两座三层楼高的石碑。西侧的碑上刻着武则天撰写的五千字碑文，记述唐高宗的功绩，而东侧武则天的那块石碑上一个字都没有，被称为无字碑。这可能是武则天生前的意思：自己的是非功过自己不作评价，留给后世的人们去评说。

杨贵妃墓

位于咸阳兴平市马嵬（wéi）坡。安史之乱爆发后，唐玄宗带着杨贵妃等人逃出长安，走到马嵬驿时，认为这场叛乱由杨国忠引发的随行军队群情激愤，杀了杨国忠，怕事后杨贵妃怂恿玄宗找他们算账，又逼迫玄宗处死贵妃。玄宗被逼无奈，只好让人用白绫绞死了杨贵妃，埋葬在马嵬坡。

含光门复原图

含光门

含光门是隋唐长安城皇城南墙偏西的一处城门，位于皇城正门朱雀门的西侧。2008年，在遗址上修建的含光门遗址博物馆正式开放。

小雁塔

位于西安市友谊西路荐福寺内。唐高宗去世后，武则天下令修建荐福寺为他祈福。武则天在长安居住时，常来寺中烧香、放生。20多年后，宫里的嫔妃们集资修建了小雁塔。小雁塔原高15层，历经千年风雨，塔顶毁损，现在还有13层。不过除了最底下一层，每一层都不太高，看上去屋檐密集，这种塔称为密檐塔。

大雁塔

位于西安市城南。唐太宗时，还是太子的唐高宗李治为了纪念自己的母亲修建了大慈恩寺。寺内的大雁塔为玄奘主持修建，用来存放他从印度带回来的佛经、佛像。塔高7层，式样像中国古代的木楼阁，不过大雁塔是用砖砌的。

唐 长安 (西安)

华清宫

位于西安市临潼骊山上，曾名汤泉宫、温泉宫，又名华清池、骊山宫，是唐朝初年开始修建的一大片宫殿建筑群。唐玄宗当皇帝时，几乎每年冬天都会在这里居住。诗人李白在宫中任职时，多次陪玄宗和杨贵妃来此处游览。宫内还留存有几处当年皇帝、贵妃洗澡的浴池遗迹。

大明宫国家遗址公园

长安城内有几座宫殿，大明宫是其中最宏伟壮丽的一座，比四个紫禁城加起来还要大一些，是唐朝皇帝处理朝政的地方，唐朝末年被毁。

大唐芙蓉园

位于西安市城南的曲江开发区，大雁塔东南侧。最初为隋朝皇家园林芙蓉园，园内曲江到处开满芙蓉花，因而得名。唐朝时，每年的三月初三，皇帝会带着嫔妃来这里春游。现在的园区为2004年在芙蓉园原址北边仿照皇家园林式样重新修建。

兴教寺

位于西安市城南。玄奘去世后，武则天为纪念这位高僧而下令修建，全名为"大唐护国兴教寺"，寺内有安放玄奘遗骨的舍利塔。

149

五代 开封

历史都城 北宋：东京 → 第158 页

唐朝之后，中国又进入了一段四分五裂的时期。中原地区先后被梁、唐、晋、汉、周五个朝代统治，合称"五代"。因为历史上有过同名的国或朝代，为了好区分，这几个朝代名之前统一都加上了"后"。五代之中，除了后唐把都城定在洛阳，其他几个朝代的都城都在开封。朱温建立的后梁存在了16年，后面几个朝代比后梁还要短，最短的后汉甚至只统治了3年多便匆匆告别历史舞台。中原以外的地方呢，还先后建立了十个小国，要把它们的名字记全都是件挺费劲的事。这段时期被称为"五代十国"时期。

古老的开封

前面已经说过，抢了唐朝天下的朱温原本是黄巢的部下。当年，起义军经过他家乡砀（dàng）山（今安徽省砀山县）时，他加入了黄巢的队伍。后来见黄巢快要败了，他就赶紧投降了唐朝。唐朝皇帝非常高兴，给他赐了个名字叫"全忠"，封他当了统领河南一带的节度使，办公地在大梁，也就是现在河南省的开封市。

开封是一座非常古老的城市，最早的历史可以追溯到4000年前的夏朝。战国时期，开封是魏国的都城，当时就叫大梁。朱温被封在大梁，后来又被唐朝皇帝封为梁王，所以他在907年逼唐朝小皇帝把皇位让给自己后，就把新建立的国家命名为"梁"，都城定在大梁。他嫌"全忠"这个名字是前朝皇帝给的，又给自己改了个

907年　960年

名叫朱晃。朱晃当了6年皇帝后被儿子杀死，他的儿子之间又互相争斗，后梁变得一片混乱，10年后被后唐取代。

爱演戏的皇帝

　　唐朝末年，晋王李克用是朱温最强劲的对手。李克用是北方少数民族沙陀人，他的父亲被唐朝皇帝赐姓李，他也跟着姓李了。李克用并不承认朱温建立的后梁，一直在发兵攻打后梁。临死之前，李克用把三支箭交给儿子李存勖（xù），嘱咐他一定要消灭朱温。

　　擅长领兵打仗、勇猛过人的李存勖和朱温父子打了十几年的仗，终于在923年彻底打败后梁，自己即位称帝。李家被唐朝赐姓为李，李存勖便以唐朝的继承人自居，建立的国家也叫"唐"，都城定在洛阳。

　　如果放到现在，李存勖多半会当个艺人，因为他最爱的就是演戏和唱歌，还会自己写词作曲。他带兵打仗时，大军一边行军，一边唱着他创作的歌曲。仗打完后，不管是赢了还是输了，全军一起合唱他的原创歌曲，鼓舞士气。当上皇帝后，李存勖更是放飞自我，经常和伶人（宫廷演员）一起登台演戏，还给自己取了个艺名

151

叫李天下。一次演戏时，李存勖叫了自己两声："李天下，李天下在哪里？"一个叫敬新磨的伶人冲上去扇了他两耳光，李存勖正要发怒，敬新磨解释说："理（李）天下的只有天子一个人，你叫了两声，另一个是谁呢？"这个谐音梗把李存勖给逗乐了，不但没有治他的罪，还重赏了他。

李存勖宠信伶人和宦官，猜忌、杀害真正有功劳的文臣武将，抢夺百姓的钱财。这样胡闹了没几年，就在伶人发动的叛乱中被杀死了。后唐存在了14年后被石敬瑭（táng）推翻。

儿皇帝

石敬瑭也是沙陀人，原本是李克用父子手下的得力干将，后来推翻后唐，建立后晋，当上了皇帝。不过，他这个皇帝是靠给人家当儿子换来的。

五代 开封

当时的中国北方,有个强大的少数民族名叫契(qì)丹,契丹皇帝耶律德光一直对南方虎视眈眈。身为后唐节度使的石敬瑭一心想当皇帝,这时候野心败露,后唐皇帝撤了他的职,还派军队攻打他所在的晋阳(今山西省太原市)。石敬瑭慌忙向耶律德光求援。耶律德光亲自率领大军南下,把围困晋阳城的后唐军队打跑了。两人见面后,很快就谈好了一笔交易:石敬瑭管比自己小10岁的耶律德光叫爸爸,耶律德光封石敬瑭当"大晋皇帝"。这一年是936年。

两年后,"爸爸"找"儿子"要地,石敬瑭把幽州(也叫燕州)、云州等16个州送给了契丹。因为石敬瑭的献地,从后晋到宋朝的几百年间,后来成为元明清三代都城的北京,还有现在的天津北部、河北北部、山西北部这一大片土地,一直都在中原政权的管辖之外。

石敬瑭死后,继承皇位的是他的侄子石重贵。石重贵要比石敬瑭有骨气,他派人向耶律德光报告石敬瑭的死讯时,按照辈分自称"孙",但没有称"臣",意思是我可以给你当孙子,但不是你手下的臣子。这下可惹得耶律德光大发脾气,直接撕破脸和后晋开战。947年,契丹军队攻进开封,后晋灭亡。

最短的朝代

紧跟在后晋之后的是后汉。就像蜀汉的皇帝姓刘一样,后汉的皇帝也姓刘。很多人当皇帝都要为自己找个合理的说法,所以后汉皇帝刘暠(gǎo)和蜀汉皇帝刘备都自称是汉朝皇室的后代,建立的国家是汉朝的延续,当然也叫汉。

刘暠本名叫刘知远,原本是石敬瑭的亲信,也是后晋的开国功臣。契丹军队攻灭后晋后,在中原地区烧杀抢掠,遭到中原百姓的一致反抗。刘暠抓住时机在晋阳称帝,建立后汉,接着又带兵南下,攻破洛阳和开封,把都城定在开封。不过,刘暠第二年就病死了,他的儿子刘承祐(yòu)继位。当时的中国一片混乱,手握重兵的将领很容易生出"皇帝轮流做,明年到我家"的想法。刘暠死后不久，就有几个地方的节度使起兵造反。他生前最信赖的大臣郭威平定叛乱后，又遭到新皇帝刘承祐的猜忌。950年，刘承祐派使者带着密信前往北方，诛杀驻守在现在河北一带的郭威，但密信落到了郭威手里。郭威带兵南下，攻破开封，杀死刘承祐，放任士兵在城里放火抢掠。后汉存在了不到4年就灭亡了，是历代中原政权中寿命最短的朝代。

周世宗扩建开封城

郭威于951年正式称帝，建立后周，都城依然定在开封。他死后，皇位传给了养子柴荣，这就是周世宗。

周世宗称得上是五代时期最有作为的皇帝。他登上皇位不久，就做了个三十年规划：用十年时间开疆拓土，统一天下；用十年时间减轻百姓负担，让他们安心耕种和生活；再用十年时间把天下治理得太太平平。他在位期间，对外，亲自带兵南征北伐，扩大了后周的地盘；对内，重视农业生产，关心百姓的疾苦。有一年，皇宫里重修一座毁坏了的宫殿，周世宗到工地视察时，看到工匠们吃饭连碗都没有，用瓦片当饭碗，用木片当勺子，又心疼又生气，下令把管事的官员给杀了。另外，他还废除了三万多座寺庙，让大量和

五代 开封

尚和尼姑还俗。在古代，僧尼和寺庙是不用交税的，所以周世宗的这一举措实际是减轻了全国百姓的负担。

在周世宗的治理下，后周经济得到了快速发展，开封的人口也越来越多。唐代末年的开封只是汴州的州城，后来成为除后唐之外四代的都城。几十年间战火纷飞，皇宫的主人换了一个又一个，谁也顾不上修建都城。周世宗即位后第二年，就下令在原来州城的周围再建一圈外城，使整个都城的面积扩大到原来的四倍，解决了旧城街道狭窄、易发火灾、房租上涨、军营和官府用地不足等一大堆问题。周世宗还疏通了连接长江、淮河的汴河，使南方运输粮食和日用商品的船可以直接驶进都城，同时还鼓励百姓沿着汴河建房子、开店铺，为后来北宋开封城的繁华打下了坚实的基础。

可惜的是，周世宗没来得及实现他的三十年宏愿，当了六年皇帝后便匆匆离世，皇位传给了七岁的儿子。960年，赵匡胤（yìn）发动兵变夺取天下，建立了宋朝，历史上称为北宋。

十国兴亡

在中原五个朝代依次更替的同时，周围还有十个小国先后建立。除了后汉刘暠的弟弟刘崇建立的北汉在北方现在的山西一带，其他小国都在南方。这些小国虽然领土比中原小，但存在时间比中原的几个朝代都要长。最短的前蜀存在了23年，而最长的吴越国存在了72年，比中原五个朝代加起来还要长。除了前蜀亡于后唐，吴、闽、楚先后被十国中实力最强的南唐取代、吞并，其他六个小国最后都被北宋攻灭。

吴越国的创建人钱镠（liú）是军人出身，唐朝末年因为镇压黄巢起义有功，先后被封为越王、吴王，后来又被后梁太祖封为吴越王。钱镠便在自己占据的土地上建立了吴越国，统治区域包括现在的浙江、江苏南部和福建北部一带，都城定在杭州。在位期间，钱镠大大扩建了杭州城，建造起大量宫殿楼台。他还主持修建了钱塘江海堤，防止涨潮时海水通过宽阔的入海口倒灌进钱塘江，威胁杭

州城的安全；又炸平江中巨石，疏通钱塘江航道，使杭州后来成为东南沿海重要的商业城市和对外贸易港口。

都城位于成都的前蜀和后蜀，都城位于现在南京的南唐，是十国中文化发展最为兴盛的国家。蜀国画家黄筌（quán）和南唐画家顾闳（hóng）中都有珍贵的画作流传到今天，南唐最后一位君主李煜（yù）则称得上是五代十国时期第一词人。

南唐和吴越是除了北汉外，最后被北宋攻灭的两个小国。

五代十国

	国名	起止年代	都城
五代	后梁	907年～923年	开封
	后唐	923年～936年	洛阳
	后晋	936年～947年	开封
	后汉	947年～950年	开封
	后周	951年～960年	开封
十国	前蜀	907年～925年	成都
	后蜀	934年～965年	成都
	吴	902年～937年	扬州
	南唐	937年～975年	金陵（今南京）
	吴越	907年～978年	杭州
	闽	909年～945年	长乐（今福州）
	楚	907年～951年	长沙
	南汉	917年～971年	广州
	南平	924年～963年	荆州
	北汉	951年～979年	太原

五代 开封

科技文化

《花间集》

在宋代发展到顶峰的词，五代十国时期就已经有了很好的发展。当时词的主要创作中心有两个，一个是定都成都的前蜀和后蜀，另一个是都城在南京的南唐。后蜀的赵崇祚（zuò）收集唐代末年到五代时期的温庭筠（yún）、韦庄等18位词人的作品，编成了一部《花间集》。这些词风格或华丽或清新，大多抒发离愁别绪等伤感情怀，这一词作流派被称为"花间派"。

梧桐树，三更雨，不道离情正苦。
一叶叶，一声声，空阶滴到明。
唐·温庭筠《更漏子》

人人尽说江南好，游人只合江南老。
春水碧于天，画船听雨眠。
五代·韦庄《菩萨蛮》

南唐词人

南唐词的主要代表有李璟（jǐng）、李煜和冯延巳（sì）。李璟是南唐第二位皇帝，在后周的巨大威胁下，他主动去掉皇帝称号，自称国主，历史上称他为南唐中主。他的儿子李煜为南唐后主。冯延巳是南唐的宰相。三人中词写得最好的是李煜，留下了很多千古名句。

风乍起，吹皱一池春水。
冯延巳《谒金门》

细雨梦回鸡塞远，小楼吹彻玉笙寒。
李璟《摊破浣溪沙》

无言独上西楼，月如钩。
寂寞梧桐深院锁清秋。
李煜《相见欢》

春花秋月何时了，往事知多少。
小楼昨夜又东风，故国不堪回首月明中。
李煜《虞美人》

《韩熙载夜宴图》

顾闳中是南唐时期著名的人物画家，为李煜画过像。他的代表作《韩熙载夜宴图》细致描绘了南唐大臣韩熙载家中一次夜宴场景，包括琵琶演奏、欣赏舞蹈、宴间休息、管乐合奏、欢送宾客五段场景。这幅画原作没能保留下来，宋朝人照着此画临摹的摹本也成为珍贵的文物，现在收藏在北京故宫博物院。

北宋 东京（开封）

 五代：开封 → 第 150 页

前面讲过的五代，大多都是掌握了兵权的将领夺取皇位，改朝换代建国。周世宗死后，他 7 岁的儿子继位。皇帝幼小，不能管理国家大事，乱世中的皇位更加岌岌可危，很快，将领夺权的戏码再次上演。这一次，是由夺权主角赵匡胤和他的伙伴们自导自演了一场戏。

陈桥驿的一场戏

960 年正月初一，北汉和辽国（契丹国把国号改成了辽）联军突然攻打后周的消息传到京城，朝廷赶忙派殿前都点检（皇帝亲军的最高统帅）赵匡胤带兵北上抵挡。正月初三，大军来到开封城东北 40 里外的陈桥驿驻扎下来。刚安排停当不久，就有眼尖的人发现，天空中太阳的旁边又出现了一个太阳。很快，两个太阳的怪事就在军中传播开来。在古代，天上的太阳对应的就是人间的皇帝。这就意味着，又要出一个新皇帝了。

第二天大清早，赵匡胤被屋外一阵喧闹声吵醒，起床出门一看，手拿兵器的将士站满了一院子，都嚷嚷着要立点检当天子。赵匡胤还没来得及回话，这时一个人拿着件皇帝穿的黄袍冲上来，不由分说就披在他身上。事情发展到这个地步，赵匡胤好像也没法推辞了，于是对"入侵"的敌军也不管了，带着大军就转头回到开封，控制了京城。小皇帝一看这形势，只好乖乖让出了皇位。赵匡胤即位后，把国号改为宋，都城依然定在开封，称为东京。历史

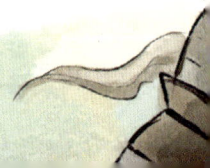

158

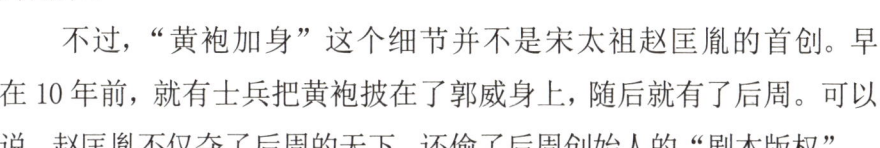

上把这次没动刀枪就轻松改朝换代的大事件称为"陈桥兵变",又称"陈桥驿兵变",此典故又称"黄袍加身"。后来开封被金国攻破,都城迁到南方,宋朝也被一分为二,前半段称为北宋,后半段为南宋。

不过,"黄袍加身"这个细节并不是宋太祖赵匡胤的首创。早在10年前,就有士兵把黄袍披在了郭威身上,随后就有了后周。可以说,赵匡胤不仅夺了后周的天下,还偷了后周创始人的"剧本版权"。

杯酒释兵权

赵匡胤当上皇帝后,继续发挥他的表演才能。这天,他请当初帮他夺位的石守信等将领一起喝酒,趁着醉意说:"如果有一天,你们的部下也把一件黄袍披到你们身上,大家会怎么办呢?"将领们一听,都懂了皇帝的意思,第二天就纷纷递交辞职信,然后带着皇帝赏赐的丰厚财物回家养老去了。赵匡胤靠着喝杯酒就轻松收回了将领手中的兵权,这就是历史上有名的"杯酒释兵权"的故事。后来,他还干脆废除了殿前都点检这个职位。

买来的和平

北宋建立时,十国中还有六个小国分据南北。赵匡胤和继承他皇位的弟弟赵光义花了10多年的时间攻灭这些小国,重新统一了中国。但和唐朝相比,宋朝的领土已经大大缩水,只有唐朝的四分之一。北边和西边被好些个大大小小的政权占据,其中对北宋威胁最大的是北方的辽国。

赵匡胤兄弟都是武将出身,他们在位时,和辽国打了很多场仗,也取得了一些胜利,但在经历了两次惨败后,北宋由进攻转为防守。到了宋太宗赵光义的儿子宋真宗时,更是丧失了与辽国正面抗衡的斗志。1004年,20万辽军南下,打到了黄河附近的澶(chán)州(今河南省濮阳市),宋朝皇宫里一片慌乱,大臣们纷纷建议迁都。这时宰相寇准站出来说:"说要迁都的人都该杀!"在他的极力劝说

北宋　东京（开封）

下，宋真宗亲自率军北征，宋军士气高涨，接连打了几次胜仗。但是宋真宗内心并不想打仗，不但没有乘胜追击，反倒把取胜当成了和辽国讲和的好机会。

于是，北宋和辽国在澶州签订和约，双方约定友好相处，不再打仗，前提是北宋每年送给辽国岁币银 10 万两、绢 20 万匹。澶州也叫澶渊，这个和约就被称为"澶渊之盟"。30 多年后，辽国又扬言要打北宋，宋朝把每年要送的银和绢各增加了 10 万，才让这花钱买来的和平延续下去。

铁面无私的包拯

北宋朝廷虽然软弱，却出了很多有名的文臣武将。武有祖孙三代对辽作战的杨家将，文臣就更多了，有"先天下之忧而忧，后天下之乐而乐"的范仲淹，有主持改革的王安石。在开封府当过知府的包拯更是历史上清廉公正的官员典范，被人们尊称为包公、包青天。

包拯是庐州合肥（今安徽省合肥市）人。他在家乡当知州（相当于市长）时，亲戚们以为有了这个大官当靠山就可以胡作非为了。一次，他的堂舅因为犯了法被告到府衙，亲戚们纷纷跑来求情，没想到包拯丝毫不顾忌什么亲戚情面，让差役当众把堂舅打了一顿板子。这样一来，亲戚们再也不敢胡来了。

包拯在朝廷当谏官（负责给皇帝提意见的官员）时，有个官员因为侄女是宋仁宗的贵妃，竟然被同时任命了四个重要官职。包拯认为以这人的才能根本不能胜任，强烈要求宋仁宗撤销任免，说话时义愤填膺、慷慨激昂，唾沫星子都喷到了皇帝脸上。宋仁宗虽然满心不高兴，但又非常佩服包拯的正直和勇气，后来还是免去了那人的两个官职。

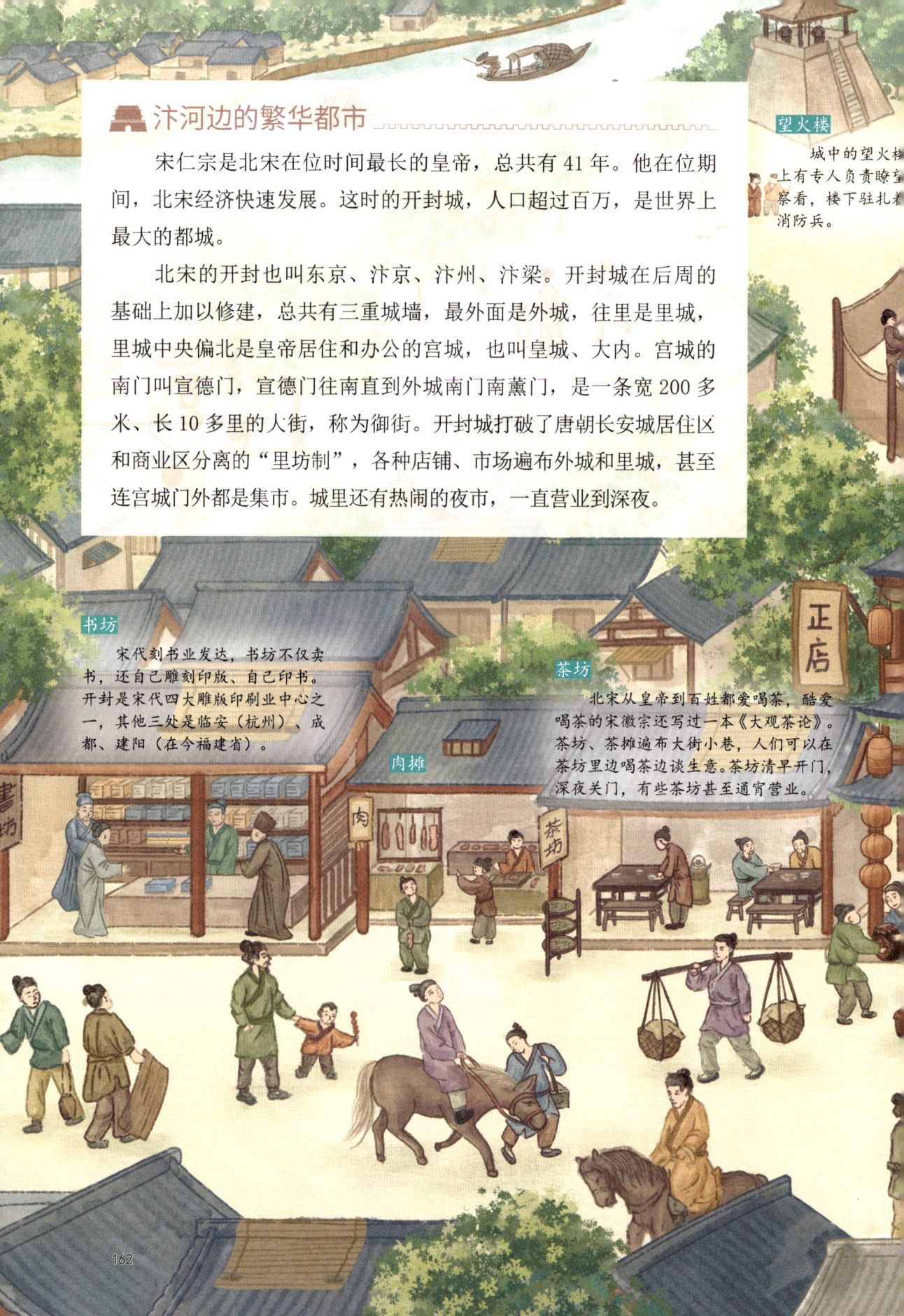

汴河边的繁华都市

宋仁宗是北宋在位时间最长的皇帝，总共有41年。他在位期间，北宋经济快速发展。这时的开封城，人口超过百万，是世界上最大的都城。

北宋的开封也叫东京、汴京、汴州、汴梁。开封城在后周的基础上加以修建，总共有三重城墙，最外面是外城，往里是里城，里城中央偏北是皇帝居住和办公的宫城，也叫皇城、大内。宫城的南门叫宣德门，宣德门往南直到外城南门南薰门，是一条宽200多米、长10多里的大街，称为御街。开封城打破了唐朝长安城居住区和商业区分离的"里坊制"，各种店铺、市场遍布外城和里城，甚至连宫城门外都是集市。城里还有热闹的夜市，一直营业到深夜。

望火楼
城中的望火楼上有专人负责瞭望察看，楼下驻扎着消防兵。

书坊
宋代刻书业发达，书坊不仅卖书，还自己雕刻印版、自己印书。开封是宋代四大雕版印刷业中心之一，其他三处是临安（杭州）、成都、建阳（在今福建省）。

肉摊

茶坊
北宋从皇帝到百姓都爱喝茶，酷爱喝茶的宋徽宗还写过一本《大观茶论》。茶坊、茶摊遍布大街小巷，人们可以在茶坊里边喝茶边谈生意。茶坊清早开门，深夜关门，有些茶坊甚至通宵营业。

说书人

说书人为观众演说小说、历史故事、佛经故事等。说书人使用的底本称为话本,《三国演义》《西游记》等名著都是在话本小说的基础上发展而来。

瓦子里的勾栏表演

瓦子也叫瓦舍、瓦市,是集娱乐购物为一体的商业场所。瓦子里有卖小吃的、唱小曲的、摆旧衣摊的等,最热闹的要数勾栏表演,有杂剧、木偶戏、皮影戏、杂技等。勾栏本意指栅栏。艺人表演时,用栅栏和绳子围出一块地作为演出场地,所以称为勾栏。

酒楼

沿街开设的大酒楼称为正店,城内总共有72家正店,其他小酒馆称为脚店。

水井

朝街开的屋门

百姓的房子建在街边,屋门可以直接朝大街上开,不像唐朝时百姓只能住在封闭的里坊中。

选错职业的赵佶

北宋的第八位皇帝宋徽宗赵佶（jí）称得上是历史上最具艺术家气质的皇帝。他的"瘦金体"书法笔力遒劲，自成一派，《瑞鹤图》《听琴图》等画作也是传世名画中的精品。他热爱生活，爱好广泛，喜欢骑马、射箭、蹴鞠（cù jū）、作诗、弹琴、品茶、收藏，而且样样精通。

但作为皇帝，爱好广泛可不见得是件好事。一方面，他会动用自己的权力，不惜损害人民的利益来满足自己的爱好。另一方面，也会给那些想要讨好他的奸臣可乘之机。比如，宋徽宗喜欢南方的名贵花木和形状奇特的石头，就专门派人去南方采集。从百姓家里搬出花木石头时，因为门小搬起来不方便，就把人家的房子都拆掉。这些花石树木用船队运往开封，被称为"花石纲"。当时，好多老百姓被"花石纲"害得倾家荡产，家破人亡。

后来，元朝人脱脱写宋朝的历史，写到《徽宗记》时，扔下笔感叹说："宋徽宗什么都能干，唯独不适合当皇帝。"

靖康之变

在宋徽宗的统治下，不堪忍受的百姓纷纷起义，《水浒传》故事的原型宋江起义，就发生在宋徽宗时期。这时，北方的辽国也遇到了大麻烦，东北边一个叫女真的民族崛起，建立了金国，把辽国打得没有招架之力。北宋一看机会来了，于是派人从海上出使金国，定下北宋和金联合，两面夹击攻打辽国的计划，这次盟约称为"海上之盟"。

等到仗真打起来时，金国在北边把辽国揍得鼻青脸肿，南边的

  北宋呢，竟然被辽国打败了。金国人这才知道，原来北宋如此不堪一击，于是在攻灭辽国后，马上把北宋定为下一个目标。

  1125年，金国大军南下，兵锋直指开封。宋徽宗慌忙把皇位传给儿子宋钦宗，可宋钦宗一样没能耐，除了想逃跑，就是想向金国求和。第二年，金兵攻破开封城，宋钦宗还幻想能靠着割地赔款保住自己的皇位和国家。没想到，到了1127年春天，金军扣押了宋徽宗父子，废了他们的称号，把他俩连同皇室成员、亲王大臣、手工匠人等3000多人一起押送去了金国。皇宫国库里宋徽宗搜刮来的金银财宝、喜爱的字画古董，也被金军抢掠一空。北宋就此灭亡。

  这一年按照宋钦宗的年号算是靖康二年，所以这次事变被称为"靖康之变"。南宋抗金名将岳飞《满江红》中的"靖康耻，犹未雪"，说的就是这件事。

科技文化

唐宋八大家

唐代韩愈、柳宗元和宋代欧阳修、苏洵、苏轼、苏辙、王安石、曾巩八位散文家合称"唐宋八大家"。八大家中,六位宋代文学家全都生活在北宋时期。欧阳修写的《醉翁亭记》,你会在语文课上读到,曾巩是他的学生。苏洵和苏辙分别是苏轼的父亲和弟弟。王安石在宋神宗时期主持的变法涉及农业、商业、军事、教育等领域,但最后以失败告终。

北宋词人

宋朝是词最繁荣的时代,北宋有苏轼、柳永、张先、晏殊、晏几道、欧阳修、秦观等一大批著名词人。苏轼的词因为境界阔大、气象恢宏而被称为"豪放派",其他几人的词婉约柔美、含蓄细腻,被称为"婉约派"。

莫听穿林打叶声,何妨吟啸且徐行。竹杖芒鞋轻胜马,谁怕?一蓑烟雨任平生。

苏轼《定风波》

司马光和《资治通鉴》

司马光最被大家熟知的是他小时候砸破大缸,救出落进水缸里的小朋友的故事,但他对历史学最重要的贡献是写出了中国第一部编年体通史《资治通鉴》。编写这部巨著时,他每天起早贪黑地写作。为了避免睡过头,他做了一个圆形的枕头,晚上一翻身就会滚动,把他从睡梦中惊醒。司马光把这个枕头称为"警枕"。

沈括和《梦溪笔谈》

北宋科学家沈括曾为司天监(掌管天文、历法的官署)官员,他写的《梦溪笔谈》是一部涉及天文、数学、物理、化学、生物等多门学科内容的科学著作。沈括研究发现,指南针指示的并不是正南方,而是略微偏东,这

北宋 东京（开封）

就是物理学中的磁偏角，这一记录比欧洲人发现磁偏角早了400多年。书中还详细记录了毕昇发明的活字印刷术。

活字印刷术

北宋的雕版印刷非常发达。雕版印刷是把整页的文字刻在一块木板上，印完后这块雕版就没用了。在书坊工作的毕昇发明了在小块黏土上刻单个的字，再把单字按内容排列成整版后印刷的活字印刷术。这些单个的字块可以反复使用，所以叫"活字"。活字印刷术一直用到几十年前才被电脑排版印刷取代。

水运仪象台

水运仪象台是北宋科学家苏颂等人发明制造的大型天文仪器，也是世界上最古老的天文钟。仪象台用水流驱动，高约12米，分上中下三层，上层是观测天象的浑仪，中层是演示天体运行的浑象，下层是自动报时器。这座仪器位于开封城中，金兵破城后把它带回金国，后来在战乱中被毁。

《清明上河图》

北宋宫廷画家张择端的《清明上河图》，细致描绘了开封城汴河沿岸的热闹景象。这幅画宽24.8厘米，长528.7厘米，总共有500多个人物，还有大量的房屋、车船、街道、桥梁，等等。通过这幅画，我们可以直观地看到千年前开封城里人们生活的情形。这幅画现在收藏在北京故宫博物院。

景德镇瓷器

江西的景德镇原本叫昌南镇。宋真宗景德年间在这里设立官窑，烧制宫廷用的瓷器，并把昌南镇改名叫景德镇。景德镇瓷器质地细腻，色彩鲜艳，远销到世界上很多国家和地区，后来人们就用"昌南"来指代瓷器、中国。

👁 看得见的历史

清明上河园

位于开封市龙亭区龙亭西路5号，是一座依照张择端的《清明上河图》建造的宋代历史文化主题公园，1998年对外开放。园中再现了北宋都城开封的繁华景象，你可以在园中欣赏到皮影戏、木偶戏、斗鸡等宋代人们喜爱的娱乐活动。

天波杨府

位于开封市龙亭区龙亭北路14号。天波杨府是北宋初年抗辽名将杨业的府邸，因为在开封城里城的西北门天波门旁而得名，现在的天波府为1992年重建。杨业在对辽作战中被俘后绝食而死，他的儿子、孙子继续领兵守卫北宋边疆。人们熟悉的杨家将故事讲的就是杨家祖孙三代抗辽的故事，不过，故事中杨宗保、穆桂英等人物是虚构的。

包公祠

位于开封市龙亭区向阳路1号，是金朝时为纪念包拯修建的祠堂，现在的建筑为1984年重建。祠内陈列有包公铜像，以及传说故事中皇帝赐给包拯斩坏人的龙、虎、狗三把铜铡（zhá）刀，还有包公断案蜡像等。

开封府

位于开封市延庆街包公东湖北岸，始建于五代后梁，北宋时是开封府的府衙。除了包拯，宋太宗、宋真宗、宋钦宗、寇准、欧阳修、范仲淹、苏颂等人都担任过开封知府。不过，北宋的开封府衙已经被洪水冲毁，现在看到的建筑是近年重建的。

开封铁塔

位于开封市北门大街210号。铁塔当年在北宋皇家寺院开宝寺内，也称开宝寺塔，建于1049年。塔高55.88米，共13层，是一座褐色琉璃砖塔，看上去像是用铁铸成的一般，所以称为铁塔。经历多次战乱和黄河水冲淹后，寺庙早已荡然无存，唯有铁塔仍巍然屹立。

龙亭公园

位于开封市龙亭区中山路北段，修建于北宋皇宫的遗址上，内有皇城北门拱宸门遗址，主建筑龙亭大殿为清朝建筑。园内的杨家湖和潘家湖分别以北宋的一对死对头——名将杨业和奸臣潘仁美的姓氏命名。每年10月中旬到11月中旬，这里还是开封菊花节的主会场。

宋都御街

在北宋开封城御街遗址上修建，南起新街口，北到午朝门，全长400多米，相对于宋代御街10多里的长度已经大大缩水。当年，北宋皇帝到南边郊外祭祀、出宫游玩，豪华气派的队伍都从这条路上经过。

大相国寺

位于开封市鼓楼区自由路西段36号。始建于南北朝时期，寺内现存古建筑为清朝时重建。北宋时，大相国寺是京城最大的寺院，每个月的初一、十五和三个逢八的日子（初八、十八、二十八），这里都有盛大的庙市，是城中唯一的定期百货大集市。

繁塔

位于开封市禹王台区繁（pó）塔西街30号，建于北宋开封城东南的古繁台上。繁台是春秋时期修建的一座高台，旁边住的人家姓繁，因而得名。初建时，塔有9层，高80多米，现在只剩3层，顶上有一座清朝时修建的实心小塔。繁塔内外壁上都镶嵌有佛像砖，砖上雕刻着佛龛和小佛像，共7000多尊。

南宋 临安（杭州）

金军攻破开封城后，几乎把宋朝皇室一网打尽，全都带回了金国，有个皇子却幸运地躲过了这一劫，他就是宋徽宗的第九个儿子、宋钦宗的弟弟赵构。当时，他正被宋钦宗派到外地去招集兵马。1127年，在大将宗泽等人的拥护下，赵构在南京（今河南省商丘市）即位，他就是南宋的第一位皇帝宋高宗。

懦弱的皇帝和勇猛的将领

宋高宗在一片兵荒马乱中匆匆即位，宰相李纲、大将宗泽等人都对他寄予厚望，主张朝廷好好训练军马，对金作战，收复被金国抢去的土地，接回宋徽宗和宋钦宗。

可是宋高宗只想当个不用打仗的安稳皇帝。不久后，李纲被撤职。驻守开封的宗泽打败了金军的几次进攻，却没等来高宗回开封，在悲愤交加中病逝。

宋高宗一边派人去和金国讲和，一边坐船逃到了扬州。金国大军南下，很快就打到了扬州附近。高宗赶紧渡过长江，逃到现在江苏的镇江。扬州被攻破的消息传来，高宗又跑到了杭州，接着又去了建康（今江苏省南京市），想在这里建都。可金军也没打算让宋高宗安心，一路紧追不舍。高宗不得不离开建康，跑到杭州，接着又去了绍兴、宁波、定海。把江浙一带知名城市跑了个遍后，最后干脆从定海坐船出海，往南漂流到温州海面，就在船上建立了朝廷，流动办公。

1127年 1279年

金军因为生活在北方，不擅长海上作战，只好放弃追赶，撤军回去。可他们来的时候容易，想回去就没那么简单了。这时南宋军队已经纷纷集结起来，堵住了金军的退路，其中最出名的一仗是将领韩世忠和夫人梁红玉共同指挥的黄天荡大战。

听说金军要渡过长江撤回北方，韩世忠先是在秀州（今浙江省嘉兴市）张灯结彩欢度元宵，让金军误以为宋军主力守在这里。于是，金军决定绕开秀州，从镇江到建康，再渡江北上。没想到，韩世忠的主力正守在镇江，一头撞进来的金军10万兵马被宋军堵在一个名叫黄天荡的河港里。韩世忠率领士兵奋力冲杀，他的夫人梁红玉也披甲上阵，擂响战鼓为宋军助阵。将士们一见主将夫妇亲临前线，军心大振，把金军打得落花流水。金军将领兀术（zhú）不得不派人来向韩世忠求和，但韩世忠拒绝了兀术送财物、千里马的讲和条件，坚持要金国还宋朝两位皇帝和全部疆土。

金军在黄天荡被围困了40多天，眼看就要弹尽粮绝。这时有个贪财的当地人告诉兀术，黄天荡北面有条淤塞了的河流通往长江。兀术得到这个重要情报，连夜派士兵挖通河道，逃了出去。

黄天荡一战，韩世忠率领8000多名将士打败了兀术10万大军，最后虽然让金军跑了，但扭转了金军南下过程中宋军屡战屡败的局面，也让金国认识到，想要攻灭南宋并不是件容易的事。

不一样的都城

金军撤走后，一路南逃的宋高宗才回到绍兴，后来把都城定在杭州，改称临安。在当时的宋朝人看来，开封仍是都城，杭州只是临时安居的地方，所以称它为"临安"。南宋诗人林升的诗句"暖风熏得游人醉，直把杭州作汴州"，就是在讽刺那些只顾享乐的达官贵人们把临时安居的杭州当成了都城汴州（开封）。

　　还记得五代十国时期寿命最长的吴越国吗？吴越国的都城就在杭州。现在能在杭州看到的很多古迹，如保俶（chù）塔、雷峰塔，都是吴越国时期建造的。北宋时，这里就是重要的商业城市。不过，临安比开封城要小得多，只有里外两重城墙，外面是外城，里面是皇城。

　　和历史上大多数都城方方正正的形状不一样，临安城东西窄、南北宽，整体形状有点像腰鼓，西边是西湖，东南边是钱塘江，北边是大运河。大多数都城坐北朝南，也就是说不管是主要宫殿还是整个京城都是朝南的，南门是正门。临安城却是坐南朝北。皇宫位于都城最南端，从皇城北门和宁门往北，是临安城的主要街道御街。朝廷官员办公的衙门主要集中在和宁门前的御街西侧。每逢元旦、冬至举行大朝会时，文武百官在和宁门前的御街上列队，入宫向皇帝朝贺。

　　御街还是城内最繁华的商业街，街道两侧都是商店。和宁门外的早市最为热闹，宫中的水果、蔬菜等时鲜食物都在这里购买。御街南段大多是卖酒、糕点、糖果、熟肉等食物的饮食店，另外还有药铺和书店。御街中段是酒楼、茶坊、瓦子、衣物首饰等各色店铺的集中地。御街北段大店铺较少，但有城内最大的瓦子。另外，在河边、桥头、街巷、官府周围，到处都是大大小小的集市和店铺。

莫须有的罪名

　　宋高宗在新都城站稳脚跟，日子过得挺舒服，哪里还会去想在金人手下屈辱偷生的父亲和哥哥，以及被金国占去的大片国土呢。

　　这一年，有个叫秦

南宋 临安（杭州）

桧（huì）的人从金国来到临安。他原先是北宋的官员，靖康之变中被金人抓走。他自称是从金国逃回来的，但当时的人们都不太相信。人们怀疑他是被金人放回来，劝南宋和金国议和的。秦桧很快受到一心求和的宋高宗的重用，不出几年就当上了宰相。

在宋高宗的无底线退让之下，宋金双方达成和议：宋高宗向金国称臣，每年送给金国 25 万两银、25 万匹绢，双方以陕西大散关到淮河一线为边界。这一年是 1141 年，绍兴十一年，历史上称这次和议为"绍兴和议"。

在这之前的十几年里，南宋的将士们一直在和金军激战，其中最著名的就是岳飞率领的岳家军。岳飞的军队纪律严明，"冻死不拆屋，饿死不掳（lǔ）掠"，宁可冻死也不拆百姓的房子烧火取暖，宁可饿死也不抢夺百姓的财物。岳家军和金军进行了大大小小几百场战斗，收复了很多被金国抢去的土地。有人曾经问岳飞："这天下什么时候才能太平呢？"岳飞说："文臣不爱钱，武将不惜死，天下就太平了。"可如此勇猛作战的岳飞，简直就是宋高宗求和之路上的一块绊脚石。就在岳家军挥师北进，准备一举收复所有失地时，岳飞被朝廷十二道金牌紧急召回。秦桧以谋反的罪名把岳飞关进监狱，后来又派人在监狱里害死了他。

已经被解除兵权的韩世忠跑去质问秦桧凭什么说岳飞谋反，秦桧无耻地说："岳飞谋反的事，莫须有。""莫须有"就是"或许有"的意思。后来，"莫须有"成了一个少见的三字成语，指凭空捏造。

三任太上皇

宋高宗这么一个软弱的皇帝，寿命却很长，活了81岁。所以他也有机会看到，绍兴和议签订20年后，金国撕毁协议，海陵王完颜亮率领40万兵马南下，想要一举攻灭南宋。这时宋朝却已经没有几个能用的武将，文臣虞允文本来是去前线慰劳军队，临时充当总指挥，在采石矶（在今安徽省马鞍山市）大败金军，南宋才转危为安。

两年后，金军再次南下，没有儿子的宋高宗把皇位传给养子宋孝宗，自己退居二线当了25年太上皇。宋孝宗是宋太祖赵匡胤的七世孙。北宋时，宋太宗赵光义以皇弟身份继承了皇位，到这时，皇权才又回到宋太祖的直系子孙手中。宋孝宗和金国签订"隆兴和议"，将每年送给金国的银、绢各减了5万，此后两国维持了40年的和平。

宋高宗去世一年多后，宋孝宗也提前退位，把皇位传给了儿子宋光宗。宋光宗是历史上少见的怕老婆皇帝。当年，宋高宗听信道

南宋 临安（杭州）

士的话，亲自为皇孙挑选了有"母仪天下"之相的李凤娘当妃子。出身将门的李凤娘蛮横狠毒，在她的严密管控下，光宗常年不去探望当太上皇的高宗，自己也被李皇后吓得疯疯癫癫。孝宗临死前希望能见儿子一面，却被光宗拒绝。孝宗死后，光宗和皇后都没有出席葬礼。愤怒的大臣们联合起来，立光宗的儿子为皇帝，即宋宁宗，光宗被迫成为太上皇。接连三任太上皇，使南宋成为太上皇最多的朝代。

从海上开始，到海上结束

宋宁宗也没有儿子，他死后，在宰相史弥远的一手操纵下，宋宁宗的远房堂侄赵昀（yún）继承了皇位，这就是宋理宗。宋理宗当了 40 年皇帝，在位时长仅次于宋仁宗。等到他去世时，整个南宋也只剩下短短 10 多年时间。

宋理宗即位时，一直欺压南宋的金国也走向了穷途末路。北方大草原上的蒙古各部落已经被成吉思汗统一起来，于 1206 年建立了蒙古国，几年后，蒙古兵攻占了金朝的中都（今北京市）。敌人的敌人就是朋友，1234 年，南宋和蒙古联合，攻灭了金国。

你还记得吗？北宋末年，北宋和金国联合灭了辽国，之后北宋被金国攻灭。这一次，南宋和蒙古联合起来灭了金国，接下来会发生什么呢？

南宋 临安（杭州）

历史总是一次次重演。蒙古攻灭金国后，马上开始对付南宋。这时的南宋，宋理宗和他的继承人宋度宗重用奸臣贾似道。贾似道大权独揽，排挤正直的大臣，隐瞒军情。军事重镇襄阳、樊城被蒙古兵围困三年，皇宫里的宋度宗还一无所知。度宗死后，他3岁的儿子宋恭帝即位。1276年，元军（蒙古国于1271年改国号为元）攻破临安城，太皇太后带着宋恭帝出城投降。城破之前，度宗的妃子带着两个儿子逃出京城，与大臣陆秀夫、张世杰等人会合，在福州立大儿子为帝，建立起流亡的小朝廷。

去元朝兵营谈判时被扣押的文天祥逃出来后也赶往福州。他重整宋朝的军队，联合各地的抗元队伍，出兵江西，阻击在后面追赶的元军。流亡小朝廷逃到海船上，沿着海岸往南漂流。小皇帝在颠沛流离中病死，陆秀夫和张世杰又立了弟弟赵昺（bǐng）为帝，退守到崖山（在今广东省江门市）。在广东与元军作战的文天祥不幸被俘，站在被押往元大都（今北京市）的船头，文天祥悲愤交加，写下了著名的《过零丁洋》，诗中的"人生自古谁无死，留取丹心照汗青"表达了诗人视死如归、誓不投降的决心。

1279年，元军将南宋小朝廷围困在崖山，在最后的海战中，南宋军队被打得七零八落。陆秀夫见败局已定，为了避免被活捉，背起7岁的小皇帝跳海自杀。南宋就此灭亡。

◀ 但悲不见九州同 ▶

陆游是南宋著名爱国主义诗人，流传下来的诗作有9000多首，是我国历史上存诗最多的诗人。他出生于南宋建立前两年，活了85岁，也没能等到国家统一的那一天，临终前写下《示儿》一诗："死去元知万事空，但悲不见九州同。王师北定中原日，家祭无忘告乃翁。"表达了他为山河破碎而悲伤但仍未放弃国家统一希望的情怀。陆游不会想到，他去世60多年后，九州终于统一，却是以宋朝的灭亡为前提。

科技文化

南宋词人

和北宋一样，南宋也是词的繁盛朝代，最出名的词人是李清照和辛弃疾。李清照号易安居士，生活在北宋、南宋之交，为"婉约派"词人代表。辛弃疾是南宋著名抗金将领，也是"豪放派"词人代表，与北宋词人苏轼合称"苏辛"。

昨夜雨疏风骤，浓睡不消残酒，试问卷帘人，却道海棠依旧。知否，知否，应是绿肥红瘦。

李清照《如梦令》

郁孤台下清江水，中间多少行人泪？西北望长安，可怜无数山。

辛弃疾《菩萨蛮》

朱熹和"四书"

朱熹是南宋著名的理学家、教育家。他的代表作《四书章句集注》是对《大学》《中庸》《论语》《孟子》这四部儒家经典著作的注解，后来成为元明清时期的官方教科书。

宋代五大名窑

宋代制瓷业发达，生产瓷器的五大名窑分别为汝窑、钧窑、定窑、官窑和哥窑。汝窑和钧窑都在现在的河南，定窑在河北。官窑就是官府设立的瓷窑，分为北宋官窑和南宋官窑，南宋官窑就在临安城。人们现在还没弄清楚哥窑在哪里，但哥窑瓷器上纵横交错、漂亮致密的开片（瓷器釉面上的自然开裂纹）一定会让你过目难忘。

《耕织图》

南宋画家楼璹（shú）的《耕织图》，包括21幅耕田图和24幅纺织图，详细描绘了水稻种植和丝织、绵纺织的全过程。南宋时，原本只在广东、福建一带种植的棉花传到长江淮河流域、四川一带。从这之后，棉布才逐渐取代麻布、丝绸，成为我国人民主要的服饰材料。

南宋 临安（杭州）

浮在水面上的田

由于朝廷的大力提倡和推广，宋朝时，水稻第一次成为全国产量最大的粮食作物。长江下游和太湖流域水稻种植最多，有"苏湖熟，天下足"的说法。南方还出现了一种浮在水面上的田，是在停于水面的木筏上铺上泥土种植农作物，这种田叫作葑（fēng）田。

航海技术和海外贸易

宋代海船设置了水密隔舱，船舱被隔成多个小舱室，如果船被撞破，水只会涌进单个舱室，避免船只沉没。船上配备有指南针，能够准确地辨别航向。南宋朝廷鼓励商人和海外国家做生意，广州、泉州当时是世界闻名的大商港。中国商船经常往来于朝鲜、日本、东南亚等地，最远到了阿拉伯半岛和非洲东海岸。

交子和会子

北宋时，四川地区出现了世界上最早的纸币——交子。南宋时由于商业繁荣，铜钱不够用，朝廷开始发行纸币，叫作会子，和铜钱一样成为常用货币。

桨轮船

在反抗南宋统治的钟相、杨幺起义中，起义军使用了一种带有轮子的船，称为桨轮船，也叫车船。船的两边装有由多片桨叶组成的圆形桨轮，用脚踩动桨轮，船可以飞快地前进或后退。南宋军队在与金军、元军的水战中也用到了车船。

👁 看得见的历史

岳飞墓

位于杭州市栖霞岭南麓,为抗金名将岳飞的墓地,又称岳坟、岳王庙,建于南宋年间。墓园内有忠烈祠、启忠祠、岳飞父子墓。忠烈祠内正中为岳飞坐像,上方"还我河山"匾额相传为岳飞手迹。启忠祠原为祭祀岳飞父母的祠庙,现已辟为岳飞纪念馆。岳飞墓前有陷害岳飞的秦桧等四人的铁铸跪像。

六和塔

位于杭州市西湖区之江路16号。始建于北宋时期,南宋时重建,内部为7层砖石塔,外部为8面13层楼阁式木塔,是中国现存最完好的砖木结构古塔之一。

灵隐寺

位于杭州市西湖区灵隐路法云弄1号,背靠北高峰,面朝飞来峰。相传东晋时,印度僧人慧理来到这里,认为飞来峰是"仙灵所隐"之地,于是在峰前建寺,取名"灵隐"。南宋时,宋高宗和宋孝宗常来此寺烧香,宋理宗曾将寺内主殿大雄宝殿改名为"觉皇殿"。南宋高僧道济,也就是著名的济公和尚,曾在灵隐寺居住。

杭州宋城

位于杭州市西湖区之江路148号,为一座展现两宋文化的主题公园。你在这里不仅能看到宋代风格的建筑、热闹繁华的街市、动起来的《清明上河图》,还能欣赏到《宋城千古情》等大型歌舞表演。

南宋 临安（杭州）

保俶塔

位于杭州市西湖北边宝石山顶，原名宝石塔，始建于五代十国吴越国王钱俶时期。北宋时，僧人永保师叔化缘十年重修此塔，人们为纪念他改称此塔为保叔塔。后来"叔"又改成了钱俶的"俶"。保俶塔曾多次重修，现在的八角形七层实心砖塔为1933年按照明代时古塔原样修建。

断桥

位于杭州市西湖白堤东端，南宋时又叫宝祐桥。此桥虽然名为"断桥"，实际上却是一座完整的桥。民间故事《白蛇传》中，许仙和白娘子曾在这里相会。冬天雪落断桥，晴日下积雪迅速消融的景致"断桥残雪"为"西湖十景"之一。

诗词西湖

西湖位于杭州市区西部，古代很多文人曾到此游览，留下了大量关于西湖的诗词名篇。西湖上的白堤和苏堤，分别是唐代诗人白居易和北宋诗人苏轼在杭州担任地方官时主持修建。"杭州西湖文化景观"于2011年被列入《世界遗产名录》。

毕竟西湖六月中，风光不与四时同。
接天莲叶无穷碧，映日荷花别样红。
南宋·杨万里《晓出净慈寺送林子方》

雷峰塔

始建于五代十国时期，为吴越国王钱俶所建，因位于西湖南岸夕照山的雷峰上而得名，为一座八角形楼阁式佛塔，内为砖砌塔芯。民间故事中，白娘子就是被法海和尚镇压在雷峰塔下。"西湖十景"形成于南宋时期，其中的"雷峰夕照"指的是黄昏时雷峰塔与夕阳相映生辉的景致。

181

辽 临潢(huáng)（巴林左旗）

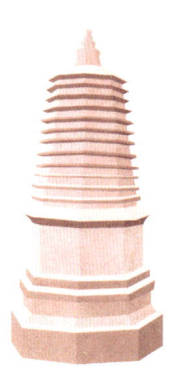

　　北宋和南宋合起来总共 319 年。从宋朝建立到最后灭亡，北方一直都有由少数民族建立的强大政权与宋朝南北对峙。北宋时，北方是辽朝；南宋时，北方是金朝。

　　辽朝的建立比宋朝要早几十年。907 年，当朱温废掉唐朝最后一位皇帝，建立五代第一个朝代后梁时，在北方，耶律阿保机成为契丹各部落联盟的首领，建立了契丹国，后来改国号为辽。辽朝一直延续到 1125 年被金国攻灭，只比北宋灭亡早两年。

辽

907年 1125年

契丹族的崛起

在我国北方的大草原上，一直生活着很多游牧民族，比如秦汉时有匈奴，晋朝时有鲜卑，唐朝时有突厥。

早在东晋时期，东北地区的辽河上游就生活着一个名叫契丹的游牧民族。经过大约500年的发展，到唐朝时，契丹已经逐渐强大起来。唐朝末年，北方的汉人为了躲避战乱，纷纷往更北边契丹人居住的地方迁移，开荒种地。契丹人在和汉人的接触过程中，也逐渐学会了种地、织布、盖房子，开始过定居生活。

907年，英勇善战的耶律阿保机通过部落选举，当上了部落联盟首领。原本，契丹部落联盟首领三年就要重选一次，可是，耶律阿保机想像南方中原国家的皇帝一样，在首领的位置上一直坐下去，死后还要把位子传给儿子、孙子。于是在916年，耶律阿保机正式称皇帝，他就是辽太祖，都城定在上京临潢府（今内蒙古巴林左旗南）。

阿保机称帝后，派人创制契丹文字，制定法律，建造京城，又带兵发动对外战争，占领了现在河北一带大片土地，后来又攻灭了辽河流域的渤海国，统一了蒙古大漠和东北地区。

五座都城

和中原的皇帝不太一样，辽朝皇帝不喜欢总待在一座城市，而是喜欢四处巡游、打猎。为了满足皇帝的这一爱好，辽朝先后建立起五座都城，分别是上京、东京、南京、中京、西京，合称"辽五京"。上京为五京之首，其他四京为陪都。

上京位于现在的内蒙古赤峰市巴林左旗林东镇。辽太祖耶律阿保机建国后不久，便开始在这里修建皇都。他的儿子辽太宗耶律德光时，把皇都改为上京，设置了临潢府。上京城包括北城和南城两部分。北城是皇城，中间的宫城也称为大内，契丹贵族都住

183

在皇城里。南城也叫汉城，相当于外城，是汉族和其他少数民族居住的地方。

东京位于现在的辽宁省辽阳市。这里原本属于渤海国，辽国攻灭渤海国后，设为东京辽阳府，城市结构和上京大致差不多，也分为契丹城和汉城，汉城的居民主要是渤海人和汉人。

南京位于现在北京市的西南部，也叫燕京，是五京中最大的一座都城。五代的第三个朝代后晋时，石敬瑭把幽云十六州献给辽太宗耶律德光，辽国便把其中的幽州设为南京幽州府，也叫析津府。

中京大定府位于现在内蒙古赤峰市宁城西边的大明城，仿照北宋都城开封修建，也包括外城、皇城和宫城三大部分。中京城建于辽圣宗时期，之后的辽朝皇帝大多数时间都住在中京。

西京大同府位于现在的山西省大同市，但没有建造宫城。现在大同市华严寺的藏经殿、善化寺的大雄宝殿都是辽代修建的。

> **四时捺钵**
>
> "四时"指春、夏、秋、冬四个季节。"捺钵"是一个契丹语音译词，指皇帝出巡途中临时居住的帐篷、宫殿。辽朝的皇帝喜欢四处巡视，捕鱼、打猎，很多国家大事也在旅途中商议决定。这种集旅行、娱乐和工作为一体的制度称为"四时捺钵制"。

高梁河之战

耶律阿保机在攻下渤海国后不久就去世了，继承皇位的是二儿子耶律德光。统一北方后，辽太宗耶律德光把目光投向了南方。后唐末年，石敬瑭向契丹求援，耶律德光趁势发兵南下，帮他建立后晋，轻而易举地得到了幽云十六州。

辽 临潢（巴林左旗）

到辽国的第五位皇帝辽景宗时，南方中原的新主人换成了建立不久的北宋。979年，北宋在灭掉南方几个小国后，又挥师北进，攻破了一直依附辽国的北汉。宋太宗想要趁势一举收复幽云十六州，于是包围了南京幽州。当时宋军有30万，而辽国幽州城内的守军加上赶来的援军总共只有20万。辽国援军和宋军在现在北京西直门外的高梁河畔展开激战，初战时辽军被打败。到了晚上，辽国另一路援军赶到，士兵们每人举着两个火把，宋军在夜色中不知道辽兵到底来了多少，心里害怕，气势上先输了一半。辽军分两路朝宋军展开攻击，幽州城内的守军也打开城门杀出城来。宋军三面受敌，被打得丢盔弃甲，伤亡惨重。宋太宗本人大腿上也中了两箭，连马都骑不了，只好坐着驴车逃跑。

高梁河之战后，辽宋之间又打了很多场仗，辽军一直是胜多败少。辽景宗死后，他12岁的儿子耶律隆绪继位，这就是辽圣宗。辽圣宗当了49年皇帝，是辽朝在位时间最长的皇帝。他当皇帝的前20多年，母亲萧太后帮他管理国政。萧太后任用贤能，赏罚分明，鼓励百姓开荒耕种，辽国经济得到了很大发展。1004年，萧太后和辽圣宗率大军南下，和宋朝签订"澶渊之盟"，宋朝每年向辽献上大量银和绢，此后辽宋之间再没发生过大规模战争，辽朝进入了全盛时期。

辽朝的衰落和灭亡

辽圣宗耶律隆绪的孙子辽道宗耶律洪基也当了40多年皇帝。辽道宗非常喜欢汉人文化,汉文诗也写得很好。但他当皇帝却很昏庸,甚至靠扔骰(tóu)子来选拔大臣。他也分不清好人和坏人,听信奸臣的诬告之辞后,逼自己的皇后自杀,又废了皇后生的太子,派人把他押到上京城关起来。后来太子就被奸臣派人杀害在监狱中。辽道宗崇信佛教,大量印制佛经,建造寺庙和佛塔,劳民伤财,辽朝在他手里一天天衰落下去。而这时的辽国东部,一个名叫女真的民族正在崛起,在短短几十年里就迅速强大起来。

辽道宗死后,皇位传给了皇太孙,也就是被冤死的太子之子耶律延禧(xǐ),这就是辽朝的最后一个皇帝天祚(zuò)帝。耶律延禧即位后,首先就杀了害死祖母和父亲的那些坏人。但这时的辽朝已经危机重重,叛乱四起。先是女真族的完颜阿骨打正式起兵反辽,建立了金朝。后来原本属于渤海国的东京也发生叛乱,金军趁机占领了东京。不到10年的时间里,金军接连攻下了上京临潢府、中京大定府、西京大同府、南京幽州府。1125年,天祚帝在逃往西夏的路上被金军俘获,辽朝灭亡。

北面官和南面官

辽太宗耶律德光时,由于契丹的统治区域越来越大,国内的汉人越来越多,契丹逐渐形成了南北两套官制,官员也分为北面官和南面官。北面官按照契丹的法律管理契丹人和其他游牧民族的事务,南面官按照汉人的法律管理汉人事务。契丹人如果去当南面官,也要依照汉人的礼仪。这样能很好地避免由于民族文化差异产生的矛盾。

辽　临潢（巴林左旗）

科技文化

契丹文字

契丹人原本只有语言，没有文字。耶律阿保机建国后，派人根据汉字创制了契丹大字，后来又参照回鹘（hú）文对大字加以改造，创制了契丹小字，两种契丹文字在辽代和汉字并行。所以很多契丹文字乍一看和汉字差不多，但仔细一看都不认识，大多数契丹文字连研究文字的专家都还没有解读出来。

辽代陶瓷

辽代的制瓷业也发展到了较高水平，仿照河北定窑白瓷制作的辽白瓷质地致密，颜色纯白，有些瓷器有着鲜明的契丹风格。

比如契丹人放牧捕猎、行军打仗时，用来带水、奶的壶是用皮革缝制成的皮囊，挂在马鞍上。辽代陶瓷器中常见的鸡冠壶就是仿照这种皮壶样式烧制而成，也叫皮囊壶。

《东丹王出行图》

辽代画家创作了大量优秀的绘画作品，内容多为表现契丹人放牧、捕猎、宴饮等生产生活场景。《东丹王出行图》为辽代画家李赞华所作。李赞华是耶律阿保机的长子耶律倍的汉文名字。耶律阿保机攻破渤海国后，把渤海国改名为东丹国，任命耶律倍为国王，也就是东丹王。耶律倍被弟弟耶律德光抢去皇位后，为了自保，投奔了南方的后唐。耶律倍非常喜爱和推崇儒家学说、中医、绘画等汉人文化，有多幅画作流传下来。此画作现在收藏于美国波士顿美术馆。

辽代佛塔

辽朝皇帝崇信佛教，在全国各地广建寺庙、佛塔。木结构的寺庙建筑大多在战火中被毁，大量佛塔却在风雨中屹立千年，广泛分布于现在的辽宁、内蒙古、北京、河北、山西等地。辽塔大多为楼檐密集的密檐式砖塔，也有少量传统汉族风格的楼阁式塔。位于山西应县的释迦塔俗称应县木塔，建于1056年，高约67米，是中国最高、最古老的一座木塔。现在还能看到的辽塔大约有90座，近一半集中在辽宁省。

187

👁 看得见的历史

华严寺

位于山西省大同市平城区下寺坡街 459 号，始建于辽代，依据佛教经典《华严经》而命名，寺内曾经供奉有辽朝历代皇帝的石像和铜像。现存普光明殿、大雄宝殿、薄伽教藏殿、华严宝塔等建筑 30 多座。其中存放佛经的薄伽教藏殿为辽代建筑，殿内佛坛上的 31 尊辽代泥塑都称得上是辽代雕塑中的精品。

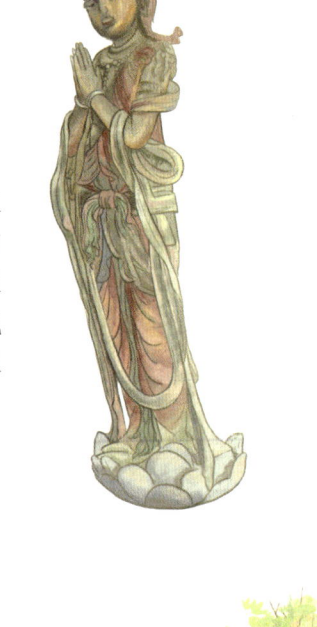

善化寺

位于山西省大同市平城区南寺街 6 号，始建于唐开元年间，原名开元寺，明代改名为善化寺。辽代末年，寺内大部分建筑毁于战火，金朝时加以重修。寺内保存有大量泥塑、壁画等珍贵文物，最大的殿宇大雄宝殿为辽代建筑。

天宁寺塔

位于北京市广安门外天宁寺内，为辽天祚帝时期修建。天宁寺始建于北魏时期，寺庙多次被毁，只有这座辽代古塔保存下来。天宁寺塔平面呈八角形，高 13 层，是一座密檐式实心砖塔，为北京城区现存最古老的建筑。

牛街清真寺

位于北京市广安门内牛街，始建于辽圣宗时期，为来到辽朝的阿拉伯人所创建，是北京规模最大、历史最久的一座清真寺。明清时期多次重修，主要建筑有礼拜殿、宣礼塔、望月楼和碑亭等，整体为汉族宫殿式风格，细部装饰则带有浓厚的伊斯兰教阿拉伯风格。

辽 临潢（巴林左旗）

辽上京博物馆

位于内蒙古巴林左旗林东镇，辽上京遗址西侧，是一座辽代皇都博物馆。馆内藏有大量珍贵的辽代文物，包括壁画、铜镜、瓷器等。其中镇馆之宝为一枚契丹银币，正面为契丹大字，可能是"天朝万岁"；背面为契丹小字，目前还没有辨别出字意。

辽上京南塔

位于内蒙古巴林左旗林东镇，辽上京遗址南龙头山北侧，为一座八角形7层密檐式砖砌空心塔，高约25米。塔身上嵌有石质和砖质浮雕，既有佛教的佛和菩萨，也有道教的道士、仙人，非常独特。南塔与北边的北塔遥相呼应，两塔均为当年上京城内的佛塔。

辽中京大明塔

位于内蒙古宁城县天义镇辽中京遗址内，在当年中京城内城的正南门阳德门外东侧，为八角形13层密檐式实心砖塔，高约80米。1988年，在辽中京遗址上建有辽中京博物馆。

法源寺

位于北京市宣武门外教子胡同南端东侧，始建于唐代。唐太宗李世民为了纪念北征辽东的阵亡将士，下令建造悯忠寺，到女皇武则天时建成。辽代时幽州发生大地震，寺庙被毁，重新修复后改名为大悯忠寺。清代改名为法源寺。

189

西夏 兴庆（银川）

北宋时，除了北方的辽国，西北方还有由党项族建立的西夏国不时侵扰中原。党项族是羌族的一个分支，汉朝时生活在现在的青海一带。唐朝末年，党项族一位名叫拓跋思恭的部落首领因为镇压黄巢起义有功，被唐朝皇帝赐姓为李，封为夏国公，成为统领陕西一带的节度使。五代时期到北宋初年，李氏家族一直依附于中原政权，趁机发展势力，扩张地盘。1038年，李元昊（hào）正式称帝，国名为大夏，都城定在兴庆府，也就是现在的宁夏银川。因为大夏国位于宋朝的西北边，所以历史上称为西夏。

西夏总共存在了189年，前半段与北宋、辽朝并立，后半段与南宋、金朝对峙，直到1227年被成吉思汗建立的蒙古国灭亡。

好水川之战

西夏建国的第二年，李元昊请求宋朝承认西夏为一个独立的国家，被宋朝拒绝。李元昊于是带领大军攻打北宋的延州（今陕西延安），杀死宋军一万多人。

1041年，李元昊又率领大军南下。宋朝将领任福带领一支一万多人的队伍出击。李元昊假装打不过，往西边逃跑。宋军在后面一路猛追，追到了六盘山下的好水川（今宁夏隆德县北），在这里扎营过夜。第二天早上，任福带着军队继续往西边追赶。没走出多远，士兵们发现路边放着好些个泥盒子，里面还传出跳跃扑腾的声音。任福让士兵们打开这些泥盒，顿时，从里面飞出来100多只

鸽子，在好水川上空盘旋。士兵们看着满天的鸽子，完全没弄清眼前的状况。这时，西夏骑兵突然从四面八方冲出来，根据空中鸽子的位置，朝宋军发起猛烈的进攻。原来，李元昊提前让人把鸽子装进盒子里放在路边，并在周围埋伏下 10 万大军。这时，这些鸽子就充当了西夏军队的空中指挥员。宋军完全来不及排兵布阵，被打得毫无招架之力，伤亡惨重，任福也在战斗中身亡。

接连的失败让宋朝只好向西夏求和。西夏这边呢，由于李元昊只顾着打仗，西夏国内田没人种了，需要找宋朝买的粮食、布料、茶叶也没法买了，西夏民怨四起。于是双方在 1044 年讲和，宋朝封李元昊为夏国王，在名义上，西夏还是对宋朝称臣。但每年，宋朝不得不"赐给"西夏 13 万匹绢、5 万两白银、2 万斤茶叶；在各种节日和李元昊生日时，还要额外"赏赐"大量白银、绢和茶叶。另外，宋朝恢复两国的贸易往来。

就在宋夏和议签订的这一年，辽国发兵 10 万攻打西夏，也被西夏打败。至此，西夏终于凭着强大的军事实力，让宋朝、辽朝承认了自己作为一个独立国家的事实。

> ◀ 西夏文字 ▶
>
> 为了保存和发展党项族的民族文化，李元昊在正式称帝前，就派党项族学者野利仁荣模仿汉字的结构创制了西夏文字。西夏近200年间，不管是官方文件还是民间书信，都用西夏文书写。西夏亡国后，西夏文字也逐渐失传。

在夹缝中生存和发展

李元昊虽然能征善战，但为人相当残暴，谁要是威胁到他的皇位，连亲妈和亲儿子都照杀不误。最后，他自己也被儿子杀死。李元昊死后，西夏陷入一片幼帝继位、外戚当权、太后争权的混乱之中。

到了第四位皇帝李乾顺时，他与北宋交好，又娶了辽国公主为妻，稳固和辽国的关系。对内则结束了太后当权的局面，鼓励农耕，减少税收，推行汉朝文化，西夏一步步走向兴盛。与此同时，辽国却江河日下，兴起于东北地区的女真族建立了金朝，开始攻打辽国。李乾顺审时度势，果断抛弃了"娘家人"，和金国联合起来攻辽。辽灭亡后，西夏也分得了原本辽国在西北地区的大片土地。

李乾顺的儿子李仁孝继位后，和金朝、南方新建立的南宋都保持了良好的关系。李仁孝非常推崇汉文化，在全国广建孔庙，推行孔子的儒家学说。他下令在全国设立学校，在都城兴庆建立了国家最高学府太学，皇宫里也开设了学堂，规定皇族的孩子7岁到15

岁必须上学。他还依照宋朝的制度设立了科举制，通过科举考试选拔官员。李仁孝在位期间，不仅文化昌盛，疆域也前所未有的广阔，包括了现在的宁夏、甘肃西北部、青海东北部、内蒙古和陕西北部，世界闻名的敦煌莫高窟当年就位于西夏境内。

李乾顺当了53年皇帝，李仁孝则是55年，西夏建国后189年的历史，他们父子俩的在位时长就占去了一多半。在这期间，北方的辽朝换成了金朝，南方的北宋变成了南宋，处在夹缝中的小国西夏却靠着左右逢源的外交政策，进入了最为兴盛的时期。

西夏的灭亡

李仁孝死后，他的儿子李纯祐继位，继续奉行和金、宋两朝交好的外交政策。这时，北方大草原上的蒙古族正在发展壮大。1205年，蒙古族首领铁木真借口西夏收留了敌对部落的人，派兵攻打西夏，在西夏几个边境城市抢掠一圈后才退兵。蒙古退兵后，李纯祐把都城兴庆府改名为中兴府。

第二年，李纯祐的堂弟李安全夺取皇位。已经被各部族推举为大汗的成吉思汗铁木真以李安全夺位为借口，再次发兵攻打西夏。1209年，成吉思汗率军攻破西夏的重要关口克夷门（在今宁夏银川市西北），一直打到了中兴府城下。李安全派人向金朝求援，金朝却坐视不管，李安全只好献上大量钱财向成吉思汗求和，并答应以后和蒙古一起攻打多年的盟友金朝。

之后的10多年里，西夏在几国之间摇摆不定，开始是跟着蒙古打金朝，和蒙古关系破裂后又去跟金朝讲和，被金朝拒绝后又联合南宋打金朝，之后又跟着蒙古打金朝，接着又联合草原部落打蒙古。总之就是打得过就打，打不过就低头求和。无休止的战争让西夏迅速衰落，金朝也在蒙古、西夏、南宋的轮番攻打中元气大伤。

1226年，成吉思汗率领10万大军攻打西夏。1227年，中兴府被蒙古军包围半年后，城内粮食耗尽，西夏的最后一个皇帝出城投降，西夏灭亡。

看得见的历史

黑城遗址

黑城也叫黑水城，位于内蒙古额济纳旗达来呼布镇东南。黑城始建于西夏时期，是西夏国西部地区的一座重要城市。黑城遗址埋藏了西夏、元等朝代丰富的文物。20世纪初，这里出土了党项人编撰的《番汉合时掌中珠》，是一部西夏文、汉语双语字典，成为考古学家翻译西夏文的重要依据。

一百零八塔

位于银川市南约82千米处的青铜峡市，始建于西夏时期。塔群依山势而建，分布在12级阶梯式平台上，整体呈三角形，塔数由上到下按1、3、3、5、5、7等奇数递增，共108座，因塔数而得名。最高处的一座塔高约5米，其他塔高2～2.5米。塔区出土有佛像、西夏文经卷等西夏文物。

西夏　兴庆（银川）

拜寺口双塔

位于银川市西北约 50 千米处贺兰山东麓的拜寺口，始建于西夏时期。东西两塔相距约 80 米，均为八角形 13 层密檐式空心砖塔，高约 40 米。东塔自二层以上每层每面都有两个砖雕兽头。西塔外形比东塔粗壮，自二层以上各层每面正中有浅佛龛，龛内塑有彩绘罗汉像和护法神像。

承天寺塔

位于银川市兴庆区承天寺内，始建于 1050 年。西夏开国皇帝李元昊死后，他不到 1 岁的小儿子继位，皇太后为保佑幼帝修建了承天寺和佛塔。寺院建成后，太后经常带着小皇帝来这里听回鹘高僧讲说佛经。现在看到的承天寺塔为清代依照西夏古塔样式重建，为一座八角形 11 层楼阁式砖塔，高 64.5 米。

西夏王陵

位于银川市西郊贺兰山东麓中段，为西夏王朝的皇家园陵。陵区内共有 9 座帝陵和 200 多座陪葬墓，规模庞大，气势壮观，有"东方金字塔"之称。其中李元昊的 3 号王陵规模最大，保存最完好。西夏王陵区内建有西夏博物馆，收藏西夏文物 3000 多件。

金 中都（北京）

历史
都城

元：大都 → 第 204 页
明：北京 → 第 214 页
清：北京 → 第 232 页

女真族是一个生活在我国东北地区的古老民族，主要靠捕鱼打猎生活。辽代时，这片地方归辽国管辖。女真族分为几十个部落，其中有个较大的部落叫作完颜部，他们已经开始建房子、种庄稼，还学会了烧炭炼铁。女真族人民饱受辽国统治者的奴役和压迫，每年都要给辽国送去大量人参、貂皮、珍珠、骏马、猎鹰等特产。女真人早就对辽国心怀不满了。

头鱼宴上的反抗

1112 年春天，辽国的皇帝天祚帝带着浩浩荡荡的大队人马，来到现在吉林省的松花江边捕鱼，并叫周围女真族各个部落的酋长都来朝见皇帝。第一网鱼捕捞上来后，按照辽国的习俗，天祚帝让

1115年 1234年

人摆开了头鱼宴。酒宴上，天祚帝叫酋长们挨个儿起来跳舞助兴。酋长们都不愿意在酒席前跳舞，但又不敢违抗皇帝的命令，只好硬着头皮跳起了民族舞蹈。轮到完颜部的阿骨打时，他站起身，直愣愣地盯着皇帝说自己不会跳舞。这下可惹得皇帝很不高兴，草草结束了宴会。

阿骨打也觉得自己受了侮辱，下定决心要让女真部落变得强大起来，不再被辽国欺负。他带着族人们建造城堡，打造兵器，训练军队，很快就把女真族各个部落统一起来。1115 年，阿骨打在会宁（在今黑龙江省哈尔滨市阿城区南）自称皇帝，国号为金，他就是金太祖，会宁就是金朝的第一个都城。

攻灭辽国和北宋

金建立后，第一个要对付的就是老仇人辽国。天祚帝听说当年那个不肯跳舞的阿骨打起兵独立了，亲自带领 10 万大军赶往东北讨伐，却被金国军队打得大败。这时，被辽国占去了大片土地的北宋觉得自己的机会来了，于是派出使臣和金商议，说宋朝愿意和金联合起来，一南一北夹攻辽国。等到仗打起来后，宋朝的军队一场仗都没打赢，根本没帮上忙，倒是让金国看穿了宋军根本没什么战斗力。1125 年，金太祖的弟弟金太宗打败辽军，活捉了天祚帝，辽国灭亡。

金朝的下一个目标就是软弱的北宋。1126 年，金军攻破北宋的都城开封；第二年，更是把宋朝的两个皇帝抓到了金国，北宋灭亡。

修建新都城

金朝的第四位皇帝叫完颜亮，不过他这个皇位是杀掉当皇帝的堂兄后抢来的，后来金国废除了他皇帝的称号，只叫他海陵王。海陵王即位后，为了消灭南宋，决定把都城往南迁移到燕京，也就是现在的北京。

　　海陵王召集了40万士兵、80万民夫,用3年时间建好了新都城。1153年,金朝正式迁都燕京,这就是北京800多年建都史的开始。金朝119年的历史中,有61年是以燕京为都城。海陵王把新都城定为"中都大兴府"。北京现在有个区叫大兴,名字就是从这里来的。

　　金中都城是在辽代燕京城的基础上建立起来的,面积是辽代燕京的1.8倍。都城接近正方形,北面开有4个城门,其他三面各开3个城门,总共13个城门。都城的中心是皇城。皇城北部是长方形的宫城。宫城内最大的宫殿叫大安殿,是皇帝上朝和举行典礼的地方。皇宫的设计也仿照了北宋开封皇宫的样式,有一些建房子用的材料就是从开封皇宫拆来的,皇宫里很多珍宝陈设也是从开封皇宫抢来的。

　　都城内外还建有好些处皇家园林,有些遗迹现在还能看到。比如北海公园里的白塔山和团城,玉渊潭公园里的钓鱼台,西山的大

金 中都（北京）

觉寺，等等。

海陵王迁都后，下令让东北地区的女真人搬到现在的河北、河南等地居住。很多王公贵族舍不得他们在老都城的房子和土地，不愿意搬到中都去。海陵王就让人把会宁城中的皇宫、贵族的房子都给拆了，全部开垦出来做农田，分给农民耕种。而那些愿意到南边来住的人，国家分给他们土地和建房子的钱。就这样，大量女真人来到中原地区定居下来。

和南宋的交锋

北宋被金攻灭后，宋高宗赵构在长江南边的杭州重建了宋朝，称为南宋。

金国想要消灭南宋，统一中国；南宋想要打败金国，收回被金国抢去的土地，于是两国之间打了很多场仗。南宋将领岳飞抗金

199

10多年，收复了许多失地，最后却被奸臣秦桧害死。一心求和的南宋和金达成协议，答应向金称臣，每年送给金25万两银和25万匹绢，换取了近20年的和平。

海陵王迁都后，单方面撕毁和约，率领40万大军南下，想要渡过长江一举攻灭南宋，却在安徽的采石矶遭遇惨败，海陵王也在这次出征中被部将杀死。

在这之前一个多月，海陵王留守北方的堂弟完颜雍已经登基称帝，他就是金世宗。两年后，南宋新即位的宋孝宗发动"隆兴北伐"，北上攻打金国，被金军打败。南宋只好和金国签订了新和约，把采石之战后收复的土地还给金国，金国也做了一点让步，把南宋每年要送的银和绢各减了5万。从这以后，两国间保持了40年的和平。

金世宗以传说时代的贤明君主尧、舜为榜样，任用贤才，节俭治国，他在位的28年是金国最为繁荣兴盛的时期，金世宗也被人们称为"小尧舜"。

金朝的衰亡

金世宗死后，皇位传给了孙子金章宗。金章宗统治的末年，金朝国力已经衰落下去，北方的蒙古汗国渐渐强大起来。金朝统治下的汉人也不再忍受贵族的压迫，纷纷起来反抗。皇室内部，皇族

金 中都（北京）

为了当皇帝杀来杀去，金国变得越发不堪一击。

1211年，蒙古国的成吉思汗发兵攻打金国，一直打到了中都城下，因为城墙坚固没攻下来，才撤围而去。两年后蒙古兵再次包围中都城，金宣宗献出公主求和。1214年，被打怕了的金宣宗把都城迁到汴京开封，想靠开封城北边的黄河抵挡蒙古兵锋，开封就是金国的第三个都城。金宣宗前脚刚走，蒙古兵就占领了中都城，大肆抢掠后放火烧城，大火烧了一个多月，繁华的金中都成为一片废墟。

10多年后，蒙古大军再度南下攻打金国，这时的金国皇帝是金哀宗。蒙古兵占领了金国大部分领土，打到了开封城下。金哀宗逃出开封，一路跑到现在河南的蔡州。南宋趁机和蒙古联合，约好南北夹击金国。

1234年，蔡州被宋蒙两军团团包围。金哀宗不想做亡国之君，推说自己长得太胖不能骑马，没法突出重围，于是把皇位传给了将领完颜承麟，然后上吊自杀了。完颜承麟想要带兵冲出包围圈，在战斗中被杀，金朝灭亡。只当了几个小时皇帝的完颜承麟是中国历史上在位时间最短的皇帝。

金朝文冠元好问

元好问是金代最出名的大学问家，被人们称为"金朝文冠"，就是整个金朝文章写得最好的人。他一生留下了1000多首诗、词、散曲。金朝灭亡后，元好问拒绝去蒙古朝廷做官，回到家乡编写金朝的史书，他称自己的这部历史书为"野史"。按照中国的传统，每个朝代都会挑选全国最有学问的人，为自己前面的朝代编写一部历史书，这样的历史书叫作"正史"。到现在为止，总共有24部朝廷编写的历史书，称为"二十四史"，其中记录金朝历史的《金史》，很多内容都参考了元好问编写的史书。

看得见的历史

燕京八景

金章宗完颜璟是个喜欢游山玩水的皇帝，他在京城内外四处赏玩，定下了最早的"燕京八景"：太液秋风、琼岛春阴、金台夕照、蓟门飞雨、西山积雪、玉泉垂虹、卢沟晓月、居庸叠翠。后来各个朝代都沿袭了"八景"的说法，只是名称略有改动，具体的景观地点也有变化。到了清朝，乾隆皇帝亲自定这八景为：太液秋风、琼岛春阴、金台夕照、蓟门烟树、西山晴雪、玉泉趵突、卢沟晓月、居庸叠翠。

潭柘寺

位于北京市门头沟区的潭柘（zhè）寺是北京地区的第一座佛教寺庙，始建于西晋时期，比北京成为金朝的都城早了800多年，所以民间俗语称"先有潭柘寺，后有北京城"。金朝多位皇帝曾到潭柘寺进香拜佛，并拨款扩建寺庙，后来的元明清时期都曾加以修建。

莲花池

海陵王迁都燕京后，让人在都城西边一个湖泊中种了许多莲花，这个小湖因此得名"莲花池"。莲花池也是中都城主要的供水来源。现在，莲花池已经开辟成公园，在北京西站附近。

卢沟桥

位于北京城西南边的永定河上。永定河古代也叫卢沟河、桑干河。金朝在北京建都后，金世宗下令在河上修了一座石桥，这就是卢沟桥。桥两侧的栏杆顶上，共雕有600多个姿态各异的小石狮，经过几百年的毁损和各个朝代补雕，现在还有501个石狮，其中大部分是明清时期补雕的。

金 中都（北京）

银山塔林

位于北京市昌平区城北约 30 千米处，唐代时开始在这里修建寺庙，金朝时这里建有大延圣寺。从这之后，各个朝代陆续在这里建造埋葬高僧的墓塔，形成一个庞大的塔林，其中有五座砖塔是金代建造的。

白云观

位于北京市西城区西便门外北滨河路西白云观街路北，最早建于唐代，名叫天长观。金世宗时扩建了这座道观，成为当时北方最大的道观。元代初年道士丘处机来北京时住在这里，丘处机道号为长春子，元太祖便下令把道观改名为长春观。到了明代，改名为白云观。现在看到的建筑是清朝时修建的。

金中都宫殿区遗址

位于北京市西城区广安门外滨河公园，当年金朝的皇宫就建在这一带。2003 年在金中都宫殿主殿大安殿遗址上立有"北京建都纪念阙"，纪念北京建都 850 周年。

金中都宫殿区平面图

北京辽金城垣博物馆

位于北京市丰台区右安门外玉林小区甲 40 号，建在金中都南城墙的水关遗址之上。水关是古代城墙下供河水进出的涵洞建筑。馆内设有北京都城发展史、水关遗址、辽金石刻等展厅。

元 大都（北京）

历史都城
金：中都 → 第 196 页
明：北京 → 第 214 页
清：北京 → 第 232 页

　　元朝是中国历史上第一个由少数民族建立的统一的封建王朝。1206 年，铁木真建立蒙古国，都城定在位于现在蒙古国境内前杭爱省的哈拉和林。1260 年，忽必烈在现在内蒙古锡林郭勒盟正蓝旗境内的开平城即汗位。开平后来改名为上都，元大都建成后，上都成为陪都，每年四五月到八九月，元朝皇帝都会来上都避暑。1271 年，忽必烈把国号改为"大元"，并于第二年把都城定在大都。1279 年，元朝彻底消灭南宋，统一了中国。

可怕的征服者

　　南宋与金对峙时期，生活在北方草原上的蒙古族还只是许多分散的小部落，其中以乞颜部最为强大。1162 年，乞颜部酋长孛（bó）儿只斤·也速该的妻子生了一个男孩，正好这一天，也速该在部落战争中取胜，抓回的两个俘虏中有一个叫铁木真。为了纪念这次胜利，也速该便给刚出生的儿子取名为铁木真。

　　铁木真 8 岁那年，父亲被仇人下毒害死，部族里的人们纷纷离去，乞颜部迅速衰败，铁木真却在逆境中成长起来。勇武好战的铁木真凭着坚强的意志、聪慧的头脑，联合一切可以联合的力量，打击仇人，征战草原。1206 年，44 岁的铁木真统一蒙古各部，被各部落首领推举为全蒙古的大汗，尊称为"成吉思汗"。成吉思汗率领蒙古骑兵向西征伐，他和儿子们先后攻灭了西夏、中亚大国花剌（là）子模、金国，往西一直打到了欧洲的俄罗斯、匈牙利。

204

　　蒙古兵征战时非常残暴，在攻城时如果遇到了抵抗，城破之后便开始大肆屠杀城中百姓，放火烧城。所以在13世纪的前几十年，蒙古兵锋过后，留下的都是一座座城池废墟。

　　成吉思汗病逝后，他的儿孙们继续西征，并在新征服的土地上建立起钦察汗国、察合台汗国、窝阔台汗国、伊利汗国，使蒙古帝国一度成为一个横跨欧亚大陆的庞大帝国。

四等人制

　　元朝把全国人民按民族和地域分成四等加以管理。第一等是蒙古人。第二等叫色目人，意为"各色各目"、种类繁多，指最早被蒙古人征服，并帮助蒙古人打天下的各族人民。第三等为汉人，包括原本金国统治下的汉人、契丹人、女真人，另外还有高丽人，以及云南、四川一带的人民。第四等叫南人，是原本南宋境内以汉族为主的各族人民。四等人的地位和待遇各不相同，比如蒙古人和色目人拥有法律上的特权，汉人和南人不得持有兵器；从1314年才开始实行的科举考试也分两场举行，蒙古人和色目人为一场，汉人和南人为一场。

三头六臂哪吒城

到了成吉思汗的孙子忽必烈时，蒙古逐渐放缓了对外征战的步伐。忽必烈是蒙古国的第五任大汗，他重视汉人文化，任用了一大批汉人谋臣。1271年，忽必烈采纳汉臣刘秉忠的建议，依据儒家经典著作《易经》中的"大哉乾元"（非常大），把国号由"大蒙古国"改为"大元"。忽必烈就是元朝的开国皇帝元世祖。

之前的都城哈拉和林和开平都远在北方，为了更好地管理庞大

居民区

外城北部大多为空地，居民区集中在中部和南部，由南北和东西方向的大街划分为50个坊，后来增加到60多个，各坊都有坊名，设有坊门，坊门内的通道是东西向的胡同。现在北京长安街以北的老城内大多都是笔直的街道，大部分胡同都是东西走向，正是从元朝建大都城时形成了这样的格局。

高梁河

高梁河为通惠河的一部分，连通西北郊外的瓮山泊（今颐和园中的昆明湖），从和义门北水关进入城中，把大都西北部丰沛的山泉水流引入积水潭，为大都城提供了充足的水源。

平则门
（今阜成门）

健德门
肃清门
外
高梁河
和义门（今西直门）
积水潭
钟
鼓
万宁
大圣寿万安寺（白塔寺）
萧墙
皇城的城墙。
兴圣宫
妃嫔居住的宫殿。
皇
琼华岛
太
液
池
万松老人塔
萧墙
隆福宫
最初为太子府，后来改为太后居住。

顺承门（今西单南）
丽正

206

元 大都（北京）

的国家，第二年，忽必烈把原先金朝的中都改名为大都，正式定为元朝的都城。

新都城由刘秉忠规划设计，他避开金中都原址，以金中都东北郊的湖泊地带（今北海公园一带）为中心营建新都。元大都整体为南北略长的长方形，东南西三面各开3个城门，北边2座城门，像是前面有3个脑袋，两侧共6条手臂，后面是两只脚，被人们形象地称为"三头六臂哪吒城"。

安贞门

天寿万宁寺
为元成宗的后修建，寺内有中心阁，后成为祭祀元成的宗庙。

光熙门

孔庙

国子监

通惠河
元代科学家郭守敬主持修建的通惠河，沟通积水潭和大都东郊通州的白河，使南方运送粮食、日用商品的船只可以从京杭大运河驶进积水潭，积水潭东北部的城市中心也成为一个繁华的商业区。

崇仁门（今东直门）

…台
位于大都城的最中，中心阁西边23米处。…台也是大都城南北向中轴线的终点，起点为…门，宫城的中心位于中轴线上。在都城设计…中修建全城中心点的标志，是元大都的首创。

齐化门（今朝阳门）

…明殿
皇宫正殿，是皇帝居住…办公的地方，朝会、重要…会和典礼都在这里举行。

居民区

通惠河

（今天安门南）

文明门（今东单南）

207

两座都城之间的战争

　　元朝在皇位继承制度上没有一定之规。和汉族封建政权的嫡长子继承制（正妻生的大儿子为继承人）不一样，蒙古族有"幼子守产"的传统，就是说家产要传给最小的儿子。但很多时候，大汗和皇帝会指定继承人。同时，蒙古族还有贵族们召开大会推举大汗的制度。这么多制度混在一起，等于没有制度，所以几乎每位大汗和皇帝死后，都会有一场汗位或皇位争夺战接踵而至。

　　蒙古国的第四位大汗蒙哥攻打南宋时在四川钓鱼城去世，之后他的四弟忽必烈和最小的弟弟阿里不哥就展开了激烈的汗位争夺。先是忽必烈赶到开平召集支持他的贵族开会，宣布即位。接着，阿里不哥也在当时的都城哈拉和林被贵族们推举为大汗。两个大汗打了4年仗，最后以忽必烈取胜而告终。

　　到了忽必烈的曾孙元武宗和元仁宗兄弟俩时，他们约好，哥哥死后把皇位传给弟弟，弟弟死后再把皇位传给哥哥的儿子。于是，武宗传位给弟弟仁宗，但仁宗并没有把皇位传给侄子，而是传给了儿子元英宗。后来，元英宗在从上都返回大都的途中被臣子杀死，被贼臣拥立的泰定帝5年后在上都病死。元武宗的亲信燕铁木儿趁着这个机会，在大都的宫殿里挟持了文武百官，逼大家拥立武宗的儿子图帖睦尔登上皇位，这就是元文宗。上都方面听到消息，赶

元 大都（北京）

紧立泰定帝9岁的儿子当皇帝，派兵攻打大都，燕铁木儿也派出大军北上迎战。两座都城经历几个月血战之后，以大都军队包围上都城，宰相捧着象征国家政权的玉玺出城投降而告终。

皇室无休止的内斗让元朝迅速衰落下去。而此时，民族压迫、贵族地主剥削、官府繁杂的赋税、大量发行纸币造成的物价上涨，再加上接连的天灾，引发了各地的农民起义，元朝走到了崩溃的边缘。

一只眼的石人

元朝末年，黄河中下游接连遭受水灾、旱灾、蝗虫灾害，几百万百姓受灾。1351年四月，朝廷征集15万民工疏通黄河。这时，一首民谣在黄河两岸流传："石人一只眼，挑动黄河天下反！"这一天，民工们果然从河道底下挖出一个只有一只眼睛的石人，背上还刻着"莫道石人一只眼，此物一出天下反"。一直在民间传教反抗元朝统治的韩山童和刘福通趁机集结教徒，起兵造反。其实，这个石人就是韩山童等人事先埋下的，民谣也是他们编的。教徒们头上都裹着红巾，被称为红巾军。红巾军起义爆发后，各地人民纷纷起义响应。

1368年，起义军领袖朱元璋打败其他几支起义军队伍后，在应天（今江苏省南京市）称帝，建立了明朝。这年八月，明朝军队攻进大都。这之前几天，元朝最后一个皇帝元顺帝已经从健德门出城，逃往上都。元朝灭亡。

科技文化

元曲

元曲包括散曲、杂剧和南戏等，散曲是诗歌，杂剧是戏曲。与唐诗、宋词并称的元曲指的是散曲。被称为"元曲四大家"的关汉卿、白朴、郑光祖、马致远是元代著名的四位杂剧作家。其中，关汉卿居于四大家之首，代表作为《窦娥冤》。王实甫的《西厢记》也是元杂剧中的经典作品。

驿站制度

为了方便物资运输和信息传递，元朝建立了完善的驿站制度。驿道通往全国各省，直至偏远的少数民族地区，共设有1500多个驿站，位于现在河北张家口怀来县的鸡鸣驿就是始建于元代的一处驿站。元朝还有传递公文的急递铺，急递铺有铺兵驻守，备有供中途更换的马匹，传送紧急公文时，一天一夜要走400里。

《马可·波罗游记》

1275年，意大利人马可·波罗通过丝绸之路来到中国，在上都受到忽必烈的接见。他在中国生活了17年，游历了大都、杭州、扬州等很多城市，还作为元朝使臣出使过东南亚多个国家。马可·波罗回国后在一次战争中被俘。在狱中，他口述了在元朝的见闻，由狱友鲁斯蒂谦记录写成了著名的《马可·波罗游记》。西方人通过这本书第一次了解到遥远的中国，其中有一位青年读过这本书后，怀着对东方文明和财富的向往开始了远航，他就是后来发现了新大陆的哥伦布。

科学家郭守敬

郭守敬是元朝最著名的科学家,他主持开凿了通惠河,改造和创制了简仪、高表等多种天文仪器,设计建造了位于现在河南登封的观星台。郭守敬利用元朝疆域辽阔的有利条件,在东起朝鲜半岛,西到河西走廊,北从西伯利亚,南到南中国海的范围内展开天文观测活动。他在各种测量数据的基础上编制的新历法《授时历》以365.2425日为一年,与地球绕太阳一周的实际时间只相差26秒。

元朝纸币

虽然北宋时就有了纸币,但并没有在全国范围内通用。元朝是中国古代唯一主要使用纸币的朝代。忽必烈即位后发行的"中统元宝交钞"一直用到元朝末年。

书画大家赵孟頫

赵孟頫(fǔ)是宋太祖赵匡胤的第11代孙,南宋灭亡时他20多岁。虽然受到元世祖等几代皇帝的赏识,但身为宋朝皇族之后的赵孟頫也很难受到朝廷重用。赵孟頫潜心研究学问,练习书画,在书法和绘画上取得了很高的成就,留下了《鹊华秋色图》《秋郊饮马图》、行书书法作品《千字文》《洛神赋》等传世名作。

教农民种地的县太爷

王祯是元朝一位农学家和机械设计师,在安徽和江西当过十年县官。王祯非常重视农业生产,经常下到田间地头指导农民如何采用更科学的方法种植、管理、收割庄稼,教他们制作和使用新式农具。他的农学著作《农书》中,细致叙述了各种农作物的栽培方法,画有300多幅农具图。他还发明了转轮排字盘,大大提高了拣字排版的效率。

211

看得见的历史

元大都城垣遗址公园

建在元大都北部城墙遗址上。元大都四面城墙共长 28.6 千米，全部用土夯筑而成。明朝新建北京城时，将北城墙往南移了 5 里，元大都的北部城墙便被废弃在城北郊外，反倒得以保留，现在仍存有长约 9 千米，高 2 米多到 10 多米的城墙遗址，俗称"土城"。土城旁的小月河也叫土城沟，是当年的护城河遗迹。

万宁桥

位于北京市地安门外大街，什刹海东部。元朝时位于皇城北门和中心台之间的大街上，从京杭大运河驶来的船只经过桥下进入积水潭。元朝时积水潭俗称海子，此桥也叫海子桥。明清时皇城北门为地安门，此桥改称地安门桥，也叫后门桥。古桥桥身两侧、南北两岸共有 6 尊镇水兽，雕刻精美，造型生动，为元、明时期的石刻。

妙应寺白塔

位于北京市西城区阜成门内大街妙应寺内，由忽必烈下令修建，尼泊尔工匠阿尼哥主持建造，高 51 米，是中国现存年代最早、规模最大的藏式佛塔。塔建成后，再以塔为中心修建寺庙，名为"大圣寿万安寺"，为元朝皇家寺院。因为是先有塔，后有寺，妙应寺也被俗称为白塔寺。元朝末年寺院被雷火烧毁，只有白塔幸存下来，现在的寺庙建筑是明代修建的。

万松老人塔

位于北京市西城区西四南大街砖塔胡同，胡同正是因为此塔而得名。万松老人是生活在金、元时期的一位高僧，也是元朝开国重臣耶律楚材的老师。万松老人去世后，弟子们为他修建了这座墓塔，为一座八角 9 层密檐式砖塔，高 16 米。

元 大都(北京)

北京国子监

位于北京市东城区安定门内国子监街北侧，始建于1287年，是元、明、清三代的最高学府和管理教育的机构。国子监内主要建筑有集贤门、太学门、琉璃牌坊、辟（bì）雍殿、彝（yí）伦堂、敬一亭。辟雍殿为方形建筑，周围环绕着圆形水池，为清朝乾隆皇帝下旨修建，是皇帝亲自讲学的场所。

北京孔庙

位于国子监东侧，两处现已合为孔庙和国子监博物馆。孔庙为祭祀孔子的祠庙。北京孔庙规模仅次于山东曲阜孔庙，主要建筑有先师门、大成门、大成殿、崇圣祠。庙内立有198座元、明、清三代进士题名碑，刻有5万多名进士的姓名、籍贯、名次，是研究古代科举制度的珍贵资料。

南锣鼓巷

位于北京市东城区积水潭东部，北起鼓楼东大街，南至地安门东大街，全长787米，东西两侧各有排列整齐的8条胡同，整个街区像一条大蜈蚣，所以也称蜈蚣街。这片街区元朝时为大都的两个坊，是现在北京城内保存最好的元代街区，周围胡同里分布着很多明清和民国时期王爷重臣的府邸、名人故居。南锣鼓巷现已成为一条富于老北京风情的文化旅游街巷，巷内开有很多特色店铺。

文丞相祠

位于北京市东城区府学胡同，是明清两代祭祀南宋丞相文天祥的祠堂。此处原为元朝兵马司牢房，文天祥押到大都后，就义之前在这里的土牢中囚禁了3年，写下了五言古诗《正气歌》。明朝初年，在土牢上修建了文丞相祠纪念这位忠心爱国、誓死不屈的抗元英雄。祠中前院东墙上，刻有明代书法家文徵（zhēng）明书写的《正气歌》。

明 北京

历史都城

金：中都 → 第 196 页
元：大都 → 第 204 页
清：北京 → 第 232 页

在风起云涌的元末农民起义中，安徽凤阳人朱元璋成为最后的赢家。1368 年，朱元璋在应天（今江苏省南京市）称帝，建立了明朝。1421 年，他的儿子朱棣（dì）把都城迁到北京。明朝总共延续了 276 年，直到 1644 年被农民起义军推翻。

糯米汁砌城墙

朱元璋是中国历朝开国皇帝中少有的草根皇帝。元朝末年，朱元璋的家乡濠州（今安徽省凤阳县）遭遇天灾，他的父母和哥哥都在饥荒中死去，朱元璋也因为没饭吃，出家当了和尚。后来寺庙里也断了粮，朱元璋不得不四处流浪，靠好心人的施舍为生。1352 年，朱元璋加入濠州人郭子兴的红巾军，三年后成为这支队伍的主帅。经过 10 多年的征战，朱元璋打败其他起义军，攻占集庆，把集庆改名为应天府，并于 1368 年在这里正式称帝，建立明朝。

集庆这个地名看着眼生，但这个地方我们并不陌生。它是三国时期吴国的都城建业，东晋和南朝宋齐梁陈的都城建康，五代十国时期南唐国的都城金陵。元朝时这里叫集庆。朱元璋原本打算以上一个汉族政权宋朝的都城、位于北方的开封为都城，所以把应天府称为南京，这也是这座城市第一次被称为南京。

朱元璋登基前两年，就打算扩建应天府。当地的大财主沈万三听说后，认领下全城一半的城墙，出钱出力，亲自监工筑城。城墙最下面的墙基是坚硬的花岗石，城墙外层由规整的大青砖砌成，每

214

块砖重约20千克。砌墙用的灰泥是糯米汁拌的石灰，黏性很强，砌好的墙特别坚固。里外各3米厚的砖墙中间，再填上石块和黄土，一层层夯实。

城墙修好后，朱元璋带着官员们来验收。先检查沈万三修筑的城墙。朱元璋让军士拿着大铁锤使劲儿砸，墙面只出现了几个小白点，城墙安然无恙。朱元璋非常满意，接着又去检查自己手下的人建造的城墙。没想到一锤下去，墙砖就碎了，几锤就把城墙砸出了一个大窟窿。朱元璋恼羞成怒，下令把建好的城墙拆掉重修，后来等城墙快完工时，还让人把监督修城墙的官员填进城墙中间活埋了。

应天府城是我国历史上第一座由砖砌城墙环绕的都城。城墙高12米，墙顶有7米宽，全城共设有13座城门，其中沈万三负责修建的通济门、聚宝门（今中华门）、三山门（今水西门）最为高大坚固。20多年后，朱元璋又让人在应天府城的外面修建外郭城，使南京成为一座少见的有四重城墙的都城，从里到外依次是宫城、皇城、应天府城、外郭城。

宫殿门口打板子

朱元璋早年间生活贫苦，在各地流浪时，经常看到官员贪赃枉法、欺压百姓，元朝朝廷也不管，最后闹得走投无路的百姓愤而起义，推翻了元朝。为了维护自己的统治，朱元璋用非常残酷的刑法来惩治腐败的官员，贪污80贯钱（一贯为1000个铜钱，大约能买20多斤大米）的官员就要被绞死。百姓们可以把不法官员扭送到衙门，如果当地官员不处理，还可以直接到京城皇宫门口敲响鸣冤鼓，向皇帝告状。

为了把权力紧紧地握在自己手中，朱元璋还大肆杀戮当年跟随他一起打天下的开国功臣，被牵连的人成千上万。这样一个管理

严格、事无巨细的皇帝，自然把自己也累得够呛。他当皇帝的31年里，几乎没有休息日，繁忙的时候每天要批阅200多道奏折，处理400多件事情，所以朱元璋非常痛恨官员们的奏折言语啰唆。一次上朝时，一个叫茹太素的官员交上来一道写有一万多字的奏折。朱元璋让人读给他听，结果听了6000多字还没听到具体的事情，朱元璋大发脾气，下令把茹太素拖到宫殿门外当场打了20大板，打得皮开肉绽，鲜血直流。

这种在宫廷里打官员的惩罚有个专门的名字，叫廷杖，据说东汉时就有了，不过实施廷杖最出名的还是明朝。当众打板子不仅是对官员的一种羞辱，同时也是一种非常残酷的刑罚。打板子的轻重由负责执行的卫兵把握，他们如果被皇帝或是当权太监授意，下重手就能把官员打死。

朱元璋开了明朝廷杖官员的先例。到后来，廷杖被实施得越来越严酷，规模也越来越大，最多的一次有100多人被廷杖，10多人被当场活活打死。

皇宫大火中失踪的皇帝

朱元璋有20多个儿子，除了太子和年幼的孩子留在京城，其他17个儿子都被分封在外地当藩（fān）王（"藩"原本指篱笆，引申为屏障、封建王朝的属地和属国）。尤其在北部边境上，为了防止逃到北方的蒙古军南下，朱元璋派了7个儿子率领军队把守。朱元璋想的是，自家人最可靠，但他忘了，在历史上，皇族为了争夺皇位不惜杀儿弑（shì）父、手足相残。他的这个安排后来给孙子带来了灭顶之灾。

明 北京

朱元璋的太子朱标比他更早去世，所以朱元璋死后，皇位传给了朱标的儿子朱允炆（wén），他就是建文帝。21岁的建文帝登上皇位，见叔叔们手握重兵驻守四方，心里忐忑不安。在大臣的建议下，建文帝决定削（xuē）藩，也就是削去藩王的爵位和兵权。一年之内，就削掉了5个藩王。

原先的元大都这时已改名叫北平，驻守在这里的是朱元璋的第四个儿子燕王朱棣。1399年，朱棣打出"靖难"（平定祸乱）的旗号，说朝廷里出了奸臣，要建文帝杀了那些给他出主意要削藩的大臣。建文帝当然没听他的，而是派出大军北上攻打北平。叔侄之间的战争打了3年多，历史上称这场战争为"靖难之役"。

1402年，朱棣的军队渡过长江，打到南京城下，城内的王爷和将军打开城门投降。这时，宫中起了一场大火，建文帝也下落不明。有人说他死在大火中，也有人说他逃到南方去了。朱棣则登上了皇位，他就是明成祖。

皇帝通常都有庙号和年号，朱元璋的庙号是太祖，朱棣的庙号是成祖。明朝的每个皇帝只有一个年号，人们也用年号来称呼皇帝，朱元璋的年号是"洪武"，朱棣的年号是"永乐"，所以他们也被称为洪武帝、永乐帝。而这位失踪的年轻皇帝，因为叔叔即位后不承认他的皇帝身份，没有给他起庙号，所以人们只用年号称他为建文帝。

修建北京城

朱棣在北平当了20多年藩王，更愿意住在自己熟悉的地方，再加上当时最大的威胁来自北方的蒙古，为了更好地控制北方，他当上皇帝的第二年，就把北平改名为北京，为迁都做准备。1406年，明成祖动用全国的人力和物力，开始修建北京城。新城在元大都的基础上，把北城墙往南移了五里，南城墙往南移了一里半，到1420年修建完成。1421年，明朝正式迁都北京。

100多年后的嘉靖年间，明世宗打算在北京城外再建起一圈外城，但因为资金不够，外城只修筑了南边的一部分，形成北京城独特的"凸"字形结构。现在北京的二环路就是拆掉这一圈城墙后修筑的，所以你在地图上会看到二环路也是"凸"字形。

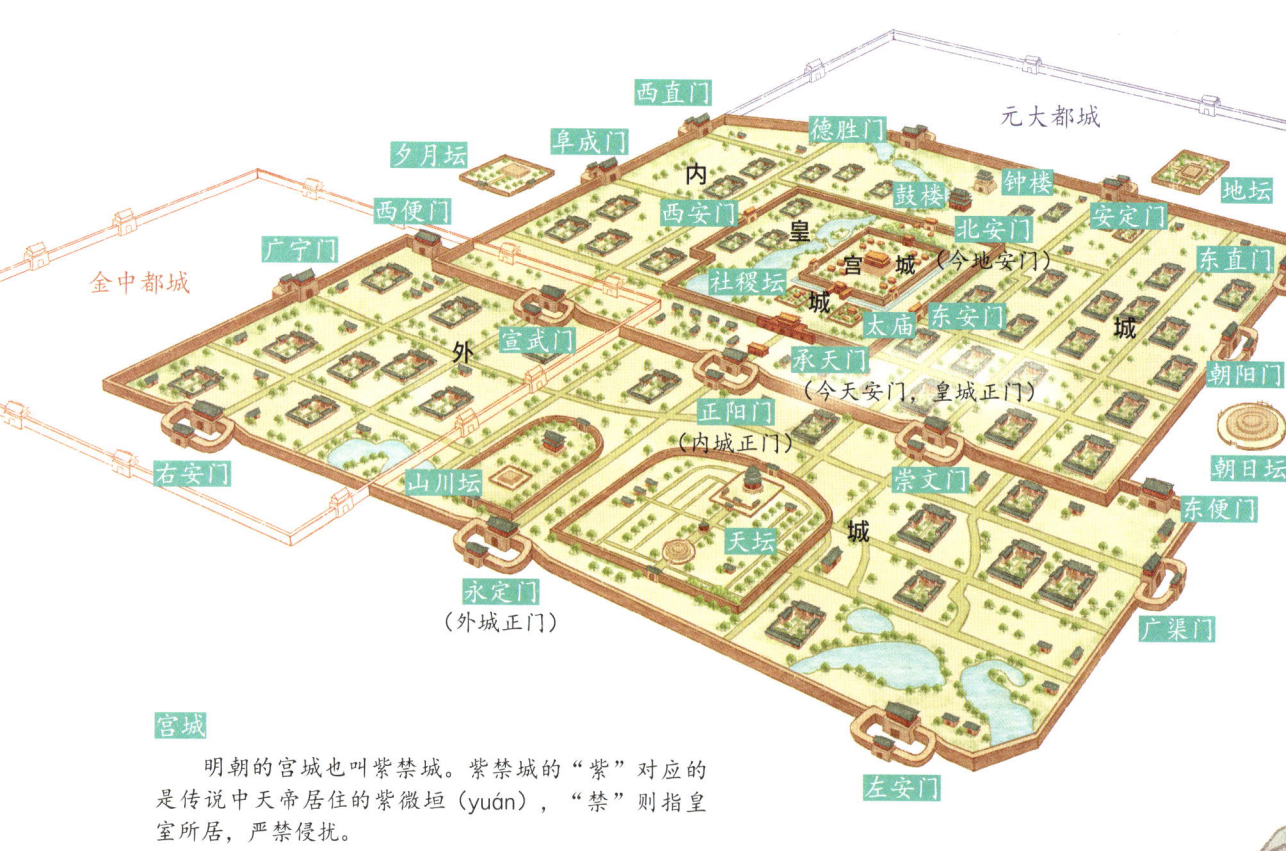

宫城

明朝的宫城也叫紫禁城。紫禁城的"紫"对应的是传说中天帝居住的紫微垣（yuán），"禁"则指皇室所居，严禁侵扰。

金砖

宫殿中铺地的方砖由苏州制造。取用质地细腻的泥土,经过练泥、澄浆、制坯、阴干等工序,入窑烧制后打磨光滑,再在桐油中浸泡。制成的方砖坚硬致密,漆黑发亮,敲上去有金玉之声,所以称金砖。为了铺好的金砖能严丝合缝,铺设时还要对方砖侧面进行切割打磨,一个瓦匠和两个壮汉一天只能铺五块砖。

奉天殿

为紫禁城内的主殿,后来改名为皇极殿,清朝时叫太和殿,俗称金銮殿。奉天殿和华盖殿、谨身殿为外朝三大殿,建成后的第二年就被大火烧毁,20年后才重新修建,这期间三位皇帝的登基大典都没能在主殿举行。

木料

从四川、江西、湖南、湖北等地深山老林砍伐的木料扎成木排拖进江河,从长江进入京杭大运河,由纤夫一路拉到北京,从砍伐到进京要花上两到五年。

石料

建宫殿用的石料主要来自北京西南的房山、门头沟一带,花岗岩则来自河北曲阳。谨身殿(保和殿)后的丹陛石是紫禁城内最大的一块石雕,长近17米,宽3米,厚1.7米,重达250吨。这块石料趁着冬天运来北京,人们把水泼在路面结成光溜溜的冰,拖着装在旱船上的巨石在冰面上前行,一天只能行进5里路。

琉璃瓦

漂亮的黄色琉璃瓦由城南琉璃厂等地的大小炉窑烧制。

北京保卫战

瓦剌是北方蒙古族的一支，不时南下侵扰明朝，明成祖朱棣就是在攻打瓦剌的途中病逝的。1449年，瓦剌首领也先率大军攻打山西大同，这时的皇帝是朱棣的曾孙明英宗朱祁镇。他亲自率军出征，结果先头部队遭遇大败，明英宗仓皇撤兵，在距北京200多里的土木堡（在今河北省怀来县）被瓦剌军追上。这一仗，不仅50万明军全军覆没，明英宗也被活捉了去。

消息传到京城，皇宫里一片慌乱。在历史上，一到京城受到强大的外敌威胁时，总会有人提出迁都、逃跑，这次也不例外。而这次站出来反对迁都的是兵部侍郎（管理全国军事的副长官）于谦，他厉声说道："难道宋朝南渡的事情你们忘了吗？"国不可一日无主，为了避免瓦剌拿着明英宗要挟明朝，在于谦等人的拥护下，英宗出征时留守北京的弟弟朱祁钰（yù）即位当了皇帝，他就是景泰帝。

当年冬天，瓦剌军带着明英宗南下，一直打到北京城的西直门外。已经被升任为兵部尚书（管理全国军事的长官）的于谦担任北

明 北京

京保卫战的总指挥，他派出20万大军在北京九座城门外列阵。也先把大本营安在城北的元土城，于谦便亲自带兵驻守在北边的德胜门。于谦在德胜门外清空了的百姓房子里埋伏下士兵，趁也先带领一万多骑兵进入包围圈后发起攻击，使用火枪火箭的神机营也投入到战斗中，一时间枪炮轰鸣，火箭横飞，杀得也先溃不成军。也先慌忙带兵往南攻打阜成门，也遭到明军的迎头痛击。瓦剌军绕着北京城打了一圈，始终没找到突破口，反倒被城里城外的明军打得丢盔弃甲，伤亡惨重。此时，明朝各路援军也正朝京城赶来，也先只好带着明英宗撤退了。

夺门之变

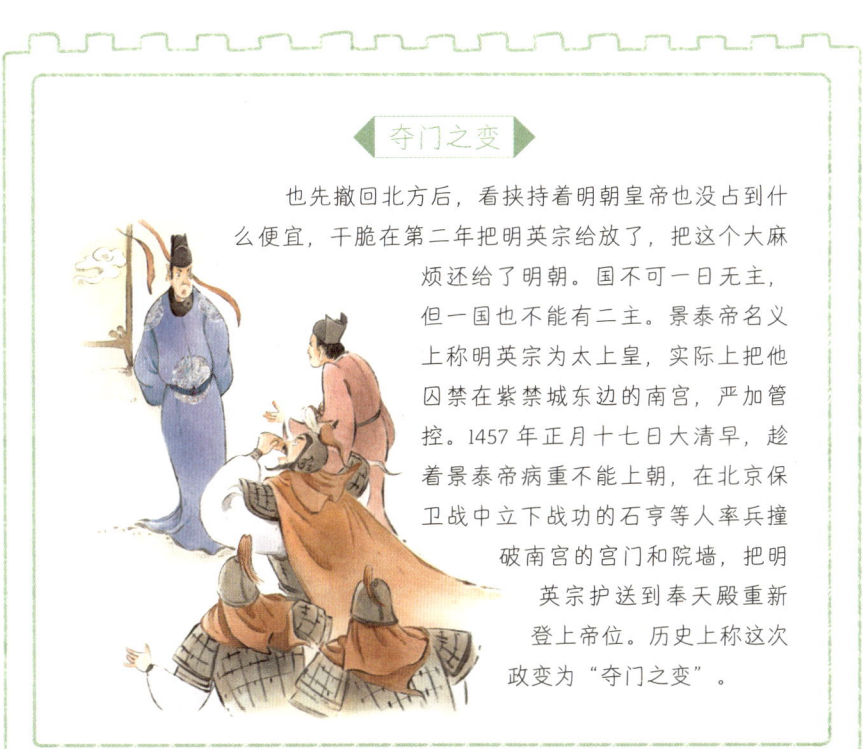

也先撤回北方后，看挟持着明朝皇帝也没占到什么便宜，干脆在第二年把明英宗给放了，把这个大麻烦还给了明朝。国不可一日无主，但一国也不能有二主。景泰帝名义上称明英宗为太上皇，实际上把他囚禁在紫禁城东边的南宫，严加管控。1457年正月十七日大清早，趁着景泰帝病重不能上朝，在北京保卫战中立下战功的石亨等人率兵撞破南宫的宫门和院墙，把明英宗护送到奉天殿重新登上帝位。历史上称这次政变为"夺门之变"。

差点被勒死的皇帝

明朝的第十位皇帝明武宗朱厚照是一位荒唐透顶的皇帝。他在位时,宠信和重用太监,自己只顾着玩乐,把皇宫当成了斗鸡耍猴、开店卖酒、踢球练兵的游戏场。一年元宵节时,宫中放烟花引燃了后宫主殿乾清宫,朱厚照见了不但不着急,反倒兴高采烈地赞叹:"好大一棚烟火,多好看啊!"这位游戏人间的皇帝31岁时就死了,他没有儿子,也没有亲兄弟。他的堂弟,分封在湖北的兴献王之子朱厚熜(cōng)进京继承了皇位,这就是明世宗嘉靖皇帝。

15岁的朱厚熜坐上皇位后,做的第一件事就是为自己的父母争取皇帝、皇后的名号,这场与朝廷官员间的争论持续了4年,被

明 北京

称为"大礼议",最终以朱厚熜获胜告终。朱厚熜也通过这场胜利,把皇权牢牢把握在了自己手中。

嘉靖皇帝在位 45 年,开头还做出了一些成绩,但他非常崇信道教,后来把大部分精力都花在了修道上。祭祀神灵时,皇帝和大臣们会写一种词藻华丽的祭祀文章,称为"青词"。有些人靠写得一手好青词就当了大官,当时的大奸臣严嵩就因为擅长写青词受到皇帝宠信,被人们称为"青词宰相"。最离谱的是,为了炼出传说中的不老神药,嘉靖皇帝征集了大量十三四岁的宫女,让她们帮他炼丹。他性情暴虐,喜怒无常,宫女犯了点儿小错就可能被鞭打致死。嘉靖皇帝 35 岁那年,不堪忍受的宫女们趁他晚上睡着后,用绳子勒住他的脖子,打算把他勒死。幸亏皇后及时赶来,才救了他一命。宫女试图谋杀皇帝,这是中国历史上绝无仅有的一次。

这之后,嘉靖皇帝干脆搬到了皇宫西边的西苑,一心炼丹修道,常年不去上朝,也很少召见大臣。他统治下的明朝,南方有倭(wō)寇侵略沿海地区,北方有蒙古兵侵扰边境。1550 年,蒙古的俺答汗甚至带兵打到了北京城下。为了加强防御,1553 年,嘉靖皇帝打算修建一圈外城墙把整个京城围起来,但因为经费不够,只修成了南边的一部分,这就是后来北京城的外城,也叫南城。

备好棺材骂皇帝的海瑞

海瑞是明朝最出名的清官,正直敢言,一心为民。这一年,他提前买好了棺材,写了一篇名为《治安疏》的文章递交给嘉靖皇帝,批评他一心修道,不理国政,希望皇帝能幡然悔悟,改正自己的错误。明世宗看后暴跳如雷,大声喊道:"快把海瑞抓起来,别让他跑了!"旁边的宦官说:"海瑞不会跑,听说他把自己的棺材都准备好了。"这让明世宗非常意外。不过海瑞还是被抓来关进了监狱,直到世宗死后才被放出来。

为皇帝编写教材的大臣

嘉靖皇帝的孙子万历皇帝也以常年不上朝而闻名。万历皇帝朱翊（yì）钧也就是明神宗，当了48年皇帝，超过爷爷成为明朝在位时间最长的皇帝，但他实际掌权的时间没有爷爷长。朱翊钧即位时才9岁，朝廷实权掌握在辅佐他的大臣张居正手中。张居正同时还是小皇帝的家庭教师。为了让朱翊钧喜欢看、读得懂，从故事中学习如何做一位好皇帝，张居正编写了一套画多字少的图书——《帝鉴图说》，里面收录了历史上出名的好皇帝和坏皇帝的100多个故事，每个故事都配有生动的插画。

张居正当政的十年间，进行了一系列改革，其中最出名的是"一条鞭法"，就是把百姓应该交给国家的粮食，需要为国家做的修路架桥等义务劳动，都折算成银两，按照家中土地的数量确定具体的数目，上交给国家。等国家需要时，再花钱找百姓买粮食，雇佣百姓修路架桥。"一条鞭法"简化了收税过程，降低了收税成本，增加了国库收入，同时也在一定程度上减轻了百姓的负担，让国家和百姓双方面都受益。

但张居正的一片苦心并没有培养出一个好皇帝。他死后，年轻的万历皇帝没有了束缚，恨不得把这个管了自己十年的老师挖出来鞭尸。万历皇帝特别贪财，沉迷于喝酒作乐。他派出亲信宦官充当

明 北京

收税使，到全国各地搜刮百姓的钱财；20年不上朝，以至于朝廷里新来的官员都不知道皇帝长什么样。而在这一时期，东北地区的女真人建立了后金国，各地的人民起义不断。万历皇帝死后，明朝只延续了24年便灭亡了。

李自成进北京

明神宗死后，他的儿子朱常洛当了一个月的皇帝，吃了一粒官员进献的红丸后离奇死去。接替皇位的是朱常洛的长子朱由校。天启皇帝朱由校是历史上有名的木匠皇帝，他对做木工活的热情远大于管理一个国家。他死后，弟弟朱由检继位，这就是明朝最后一位皇帝崇祯帝。

崇祯皇帝是明朝后期少见的一位勤奋工作的皇帝。可惜的是，这时的明朝已经危机重重，单靠一位勤奋但能力不足的皇帝根本无法扭转局势。崇祯帝生性多疑，不信任手下的文臣武将，他当皇帝的17年中，宰相就换了50个，还冤杀了阻挡后金兵南下的重要将领袁崇焕，自毁长城。再加上从万历帝到崇祯帝这几十年间，旱灾、水灾、蝗灾等天灾不断，百姓们没了活路，纷纷起来造反。其中，陕西人李自成率领的起义军打出"均田免粮"（分田地，免交税）的口号，在10多年的斗争中，发展成一支不可阻挡的强大力量，最后打到了北京城下。

1644年三月十八日，围攻北京城的战斗打响，城外的百姓帮着起义军攻城，城内的守军根本无心抵抗，宦官打开城门放起义军入城。绝望的崇祯皇帝逼皇后和妃子自杀，又拿剑砍伤了公主，自己跑到皇宫北边的景山上吊自杀了，延续了276年的明朝宣告灭亡。

第二天，李自成率领大军进入北京城。在四月的山海关之战中，李自成的军队被明朝守军和清朝（后金已经改名为清）的联军打败。李自成带着残兵败将退回北京，在皇宫的武英殿匆匆举行完登基称帝的仪式后，撤出了北京。不久后，紫禁城又迎来了新主人。

科技文化

《永乐大典》

1403年，明成祖朱棣派解缙（xiè jìn）、姚广孝等大学者主持，3000多人参与，花了4年时间编纂（zuǎn）了一部共2万多卷、约3.7亿字的大型图书，并赐名为《永乐大典》。这套书的内容从8000多种图书中摘取，按内容分门别类编排，被西方人称为"世界有史以来最大的百科全书"。可惜的是，《永乐大典》当年只抄写了两部，流传到现在的只有700多卷，散落在世界各地。

官服上的等级

明朝官员的官服为圆领长袍，在胸前、背后各缀有一块方形的图案，称为补子。文官绣禽鸟，武官绣走兽。不同品级的官员，补子上的图案也不相同。

官品 官员	一品	二品	三品	四品	五品	六品	七品	八品	九品
文官	仙鹤	锦鸡	孔雀	云雁	白鹇（xián）	鹭鸶	鸂鶒（xī chì）	黄鹂	鹌鹑
武官	狮子	狮子	虎豹	虎豹	熊罴（pí）	彪	彪	犀牛	海马

《天工开物》

生活在明朝末年的宋应星，其兴趣在研究各种农业和手工业技术，他的代表作《天工开物》是世界上第一部关于农业和手工业生产的百科全书，书中介绍了养蚕、纺织、制糖、榨油、造纸、烧瓷、采矿、冶炼等大量生产工艺，并配有100多幅插画，被称为"中国17世纪的工艺百科全书"。

旅行家徐霞客

热爱旅行的徐霞客，一生中大部分时间都在旅途中度过。他遍访名山，探寻河源，去溶洞探险，足迹遍布现在的北京、云南、广西等21个省、市、自治区，并用生动的文字记录下观察到的景象、各地的风俗人情，写出了60万字的地理名著《徐霞客游记》。

漂洋过海的农作物

我们现在常吃的玉米、红薯、土豆、花生、瓜子，明朝以前的中国人可吃不上，因为这几样植物都是明朝时才引进到中国的。它们的老家都在美洲，明朝时漂洋过海来到中国，丰富了人们的餐桌。

明　北京

长篇小说的兴盛

继唐诗、宋词、元曲之后，明朝最为兴盛的文学形式是小说。中国古典长篇小说四大名著中，罗贯中的《三国演义》、施耐庵的《水浒传》创作完成于元末明初，吴承恩的《西游记》成书于明代中期。

王守仁格竹子

明武宗朱厚照在位时，江西的宁王发动叛乱，带兵平定这场叛乱的是一位名叫王守仁的官员，他同时也是一位大思想家。王守仁号阳明，他年少时，曾在竹林里盯着竹子看了七天七夜，想"格"（琢磨、推究）出藏在竹子里的道理，却一无所获。王阳明的心学是儒家学说的一个重要学派，他主张知行合一，认为世间最高的道理从自己的内心就能得到。

27年写成《本草纲目》

李时珍生活在嘉靖、万历年间，曾在宫廷的太医院任职。他潜心研究医药学，读了800多部医学著作，去往大江南北采集药物标本，寻访药农，花了27年时间编撰完成了医药学著作《本草纲目》。书中记载了1800多种药物、11000多个药方，配有1000多幅插画。这部书在万历年间出版后，很快就传到了日本、朝鲜，后来又传到了欧洲。英国生物学家达尔文在写《人类的由来》时还引用过书中的记述。

郑和下西洋

1405年，明成祖朱棣派郑和率领庞大的船队从现在江苏太仓的刘家港出发，开始了第一次远航。有一种说法认为，郑和远航的目的之一是寻找"靖难之役"中失踪的建文帝。航海活动一直持续到朱棣的孙子宣德帝时期。1405年到1433年，郑和七次下"西洋"（印度洋一带），访问了亚洲和非洲30多个国家，最远到达现在非洲东海岸的肯尼亚。郑和远航比哥伦布首航美洲大陆早了87年。

看得见的历史

钟楼

位于北京市东城区地安门外大街，为明清北京中轴线的北部终点，始建于1420年，为一座高48米的砖石建筑。楼内悬挂有一口高7米的青铜大钟，钟声可传出数十里远。钟楼和鼓楼为明清北京城的报时中心。

鼓楼

位于北京市钟楼南100多米处，始建于1420年，为一座高46.7米的木结构楼阁式建筑。楼内原有其中一面主鼓和象征二十四节气的24面群鼓，与钟楼配合，撞钟击鼓向全城报时。

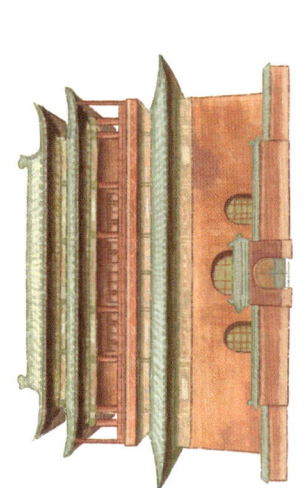

景山公园

位于北京市故宫北部。明朝修建皇宫时曾在这里堆放煤炭，所以也叫煤山；挖掘筒子河（紫禁城护城河）的泥土也堆放在这里，形成五座山峰，又名万岁山。清朝初年改名为景山。明朝最后一个皇帝崇祯帝在景山的一棵槐树下上吊殉国。1928年辟为景山公园。晴天登上景山，可俯瞰故宫全景。

太和殿

明清两朝皇宫主殿，始建于1420年，现在看到的为清朝康熙年间重建。明清皇宫原名紫禁城，从明朝的末棣到清朝的溥仪，共有24位皇帝曾在此居住。

天安门

明清北京皇城的正门,由明朝工匠蒯(kuǎi)祥设计修建,初名承天门。明朝末年李自成攻进北京时被毁,清朝初年在原址基础上重建,并改名为天安门。

正阳门和箭楼

位于北京市天安门广场南端。正阳门为明清两朝北京内城的正门,俗称前门,始建于1419年。1439年在正阳门南边增修了箭楼,以及东西两侧连接正阳门与箭楼的城墙,形成一个大缸式的瓮城。瓮城城墙在民国时被拆除,所以我们现在看到的正阳门和箭楼成了两座独立的建筑。

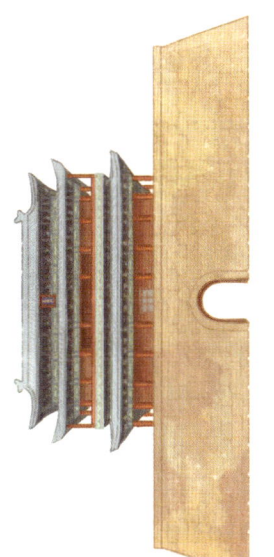
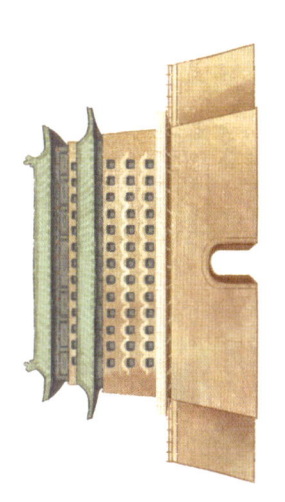

永定门

位于北京市永定门内大街南端,为明清两朝北京外城的正门,始建于1553年,也是明清北京中轴线的南部起点。永定门城楼和箭楼1957年被拆除,现在看到的永定门城楼为2004年重建。

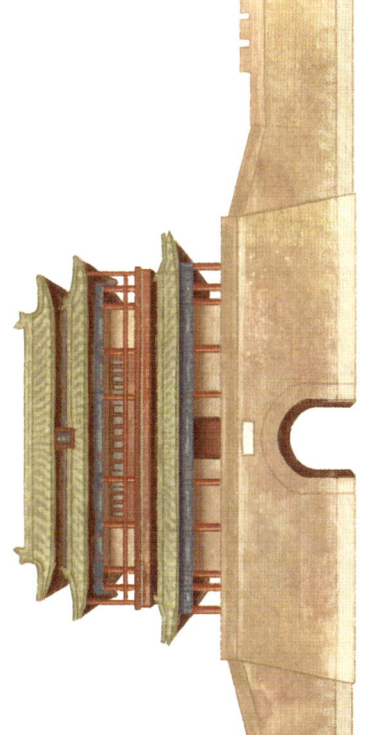

八达岭长城

位于北京市延庆区军都山关沟古道北口。明长城东起鸭绿江畔的辽宁虎山长城，西至甘肃的嘉峪关，长 6000 多千米。八达岭长城与居庸关一起成为保卫京城的重要屏障，明朝抗倭名将戚继光曾在这里驻守。明朝末年李自成进攻北京，大军便从居庸关进入。1987 年，长城被列入《世界遗产名录》。

明十三陵

位于北京市昌平区天寿山南麓，为明朝 13 位皇帝的陵园。明代共 16 位皇帝，开国皇帝朱元璋葬在南京的明孝陵。第二位皇帝朱允炆在靖难之变中失踪，下落不明。明英宗复辟后，把第七位皇帝景泰帝改封为王，所以十三陵中没有景泰帝的陵墓。明成祖朱棣的长陵是十三陵中建造最早、规模最大的陵墓，明神宗朱翊钧的定陵则是唯一被发掘的陵墓，出土了包括金丝翼善冠在内的约 3000 件文物。2003 年，明十三陵被列入《世界遗产名录》。

德胜门

位于北京市西城区北二环中路，为明清北京城北城墙西侧的城门。北京保卫战中，于谦亲自率兵驻守在德胜门。德胜门城楼于 1921 年被拆除，现在看到的是德胜门的箭楼。

天坛

位于北京市东城区永定门内大街东侧，始建于 1420 年，是明清两代帝王祭天和祈祷五谷丰收的地方，有将近 4 个故宫那么大。天坛的标志性建筑祈年殿为一座高 38 米，覆盖蓝色琉璃瓦的三层圆形建筑。贴近墙壁轻声说话，声音能顺着围墙传很远的回音壁，是天坛内另一座重要建筑皇穹（qióng）宇周围的圆形围墙。1998 年，天坛被列入《世界遗产名录》。

明 北京

明孝陵

位于南京市玄武区紫金山南麓,是明太祖朱元璋和马皇后的合葬陵寝,之后的明清皇家陵寝都按明孝陵的规制和模式营建。陵区内主要建筑有神道、方城、明楼、宝顶等。2003 年,明孝陵和明十三陵作为"明清皇家陵寝"的一部分被列入《世界遗产名录》。

夫子庙

位于南京市秦淮区秦淮河北岸,始建于北宋年间,包括孔庙、学宫、江南贡院三大建筑群。孔庙为祭祀孔子的庙宇。"夫子"是古代对有学问的年长者的尊称,很多时候特指孔子,所以孔庙也被称为夫子庙,主殿为大成殿。大成殿后面为学宫,建有明德堂。学宫东侧的江南贡院是古代的科举考场,中心建筑明远楼为明朝时修建,贡院内最多时有号舍(单人考试隔间)20644 间,现在这里建成了中国科举博物馆。

中华门

位于南京市秦淮区中华路南端,为明代南京城 13 座城门之一,原名聚宝门,1931 年改名为中华门。中华门建有内瓮城三座,整体呈"目"字形,有"天下第一瓮城"之称。主城门共有 27 个藏兵洞,可以藏下 3000 多名士兵。中华门所在的南京城城墙长 35.3 千米,现在仍保存完整的有 25.1 千米。

231

清 北京

历史都城
金：中都 → 第 196 页
元：大都 → 第 204 页
明：北京 → 第 214 页

　　1616 年，女真族首领爱新觉罗·努尔哈赤统一了女真各部，建立大金国，都城定在现在辽宁抚顺的赫图阿拉。因为历史上曾有女真族建立的金朝，所以人们把努尔哈赤建立的金国称为后金。两年后，努尔哈赤正式起兵反抗明朝，在抚顺东部的萨尔浒大败明军，短短几年间就占领了东北大部分地区，把都城迁到了东北重镇沈阳，改名为盛京。1636 年，努尔哈赤的儿子皇太极在盛京正式称帝，把国号改为清。

　　1644 年，李自成撤出北京后，清军进入北京城。清朝把北京定为新都城。皇太极已经在前一年去世，他 6 岁的儿子福临坐上皇位，成为紫禁城的新主人。福临就是清朝迁都北京后的第一位皇帝顺治帝。

少年康熙智除鳌拜

　　顺治帝 20 岁出头就病逝了，他临终前指定了四名大臣辅佐继承皇位的儿子玄烨（yè）。四人中的鳌（áo）拜是一位武将，当年跟随皇太极四处征战，战功卓著，号称"满洲第一勇士"。后来又拥戴顺治帝继位，成为顺治帝倚重的大臣。

　　可是，手握重权的鳌拜强占百姓的土地，打压其他大臣，在朝廷里安插自己的亲信，国家大事都由他说了

算，根本不把小皇帝放在眼里。康熙皇帝长到14岁时，按照父亲顺治帝这么大时亲政（皇帝自己管理国家大事）的先例宣布亲政，鳌拜却不愿意把权力交出来。该怎么除掉这个蛮横的家伙，把权力真正掌握在自己手中呢？少年康熙想出了一个好主意。他从贵族子弟中找来一些和自己差不多大、体格健壮的少年到身边当侍卫，每天和他们一起练习摔跤。鳌拜进宫时看见了，心想皇帝还真是个什么也不懂的孩子，整天只知道玩，于是更不把他放在眼里。

一晃两年过去了，这年五月的一天，鳌拜像往常一样大摇大摆地进宫来见皇帝。康熙皇帝暗暗使了个眼色，身边的侍卫们一拥而上，抱腿的抱腿，拉胳膊的拉胳膊，很快就把鳌拜掀翻在地，用绳子把他绑了起来。接着，康熙皇帝叫来大臣们审讯鳌拜，历数他的罪行，把他关进了监狱。气急败坏的鳌拜不久就死在了监狱里。

从这之后，康熙皇帝正式掌握了国家大权。后来，他平定了南方三个藩王的叛乱，收复了台湾，赶跑了沙俄侵略军，打败了噶尔丹领导的蒙古准噶尔部，开创了清朝的"康乾盛世"。他当了61年皇帝后，于69岁时病逝，是清朝在位时间最长的皇帝。

八旗制度

八旗制度是努尔哈赤创立的一种管理军队和百姓的制度，每个旗都设有旗主，有对应的旗帜。皇太极时把女真族名改为满洲，简称满族，所有满族士兵和百姓都分属于各个旗，所以满人也称为旗人，满族士兵称为八旗兵。最开始只有正黄、正白、正红、正蓝四种颜色的旗帜，后来又增添了镶黄、镶白、镶红、镶蓝四种旗帜，合称八旗。前四种旗帜为方形；后四种旗帜为五边形，带镶边。其中，正黄旗、镶黄旗、正白旗称为上三旗，由皇帝直接统领。鳌拜等四位辅政大臣都是顺治帝从上三旗贵族中挑选的。

皇位之争

和历史上那些没有儿子的皇帝形成对比的是，康熙皇帝的烦恼在于儿子太多了。他总共有35个儿子，到他晚年时，有9个儿子参与帝位争夺。皇子们纷纷结交大臣，发展自己的势力，在父亲面前说兄弟的坏话，导致太子两次被废掉，3个皇子被囚禁，十四皇子甚至差点儿被康熙皇帝杀掉。

在这场残酷的皇位争夺战中，性格沉稳的四皇子胤禛（zhēn）最后胜出，他就是雍正皇帝。在这之前，明朝和清朝的皇帝都住在内廷主殿乾清宫。雍正帝即位后，搬到了乾清宫西南边更靠近外朝的养心殿居住。雍正帝在位13年，是清朝最勤奋的皇帝。他设立了军机处，挑选最信任的大臣帮自己出谋划策，最后的决策权则掌握在自己手中。军机大臣办公的地方和养心殿只有一墙之隔，白天黑夜都有大臣值班，非常方便皇帝随时召见。雍正皇帝50多岁时就病逝了，死前两天还在照常工作，有人说他是活活累死的。

为了避免皇位争夺的悲剧再度上演，雍正帝设立了秘密立储制度，"储"指储君、太子。皇帝写好皇位继承人的名字，密封在木盒里，放在乾清宫的"正大光明"匾后，等皇帝去世后拿出来宣读。另外还有一份写有同样内容的圣旨藏在其他地方，或由皇帝随身携带。雍正帝的儿子弘历成为第一个通过这种立储制度继位的皇帝，他就是乾隆皇帝。

清 北京

富可敌国的贪官

乾隆皇帝是中国历史上寿命最长的皇帝，活了89岁。他当了60年皇帝后，说自己不敢超越爷爷康熙帝的在位时长，于是把皇位让给儿子颙琰（yóng yǎn），就是嘉庆帝。可他退位后并没有把实权交出来，所以他的实际掌权时间有63年，在历史上也排第一。

前面说过的"康乾盛世"，"康"指康熙，"乾"就是指乾隆，他们共同创造了清朝最为强盛的时代。这其中，乾隆帝的父亲雍正帝也功不可没，所以这一时期也称为"康雍乾盛世"。可是，乾隆皇帝在建立下不朽功勋后，骄傲自大，全然看不到当时的西方国家已经在大力发展工业生产，研制新式武器装备，正把古老的中国远远抛在后面。他一有时间就喜欢到全国各地去游玩，每次出游都要花费大量钱财，生活上也非常奢侈。看皇帝这样，官员们也生活腐化，大肆贪污，为后来清朝的衰落埋下了隐患。

乾隆皇帝晚年时有一个非常宠信的大臣名叫和珅（shēn）。他原本只是皇帝身边一个小小的护卫，靠着聪明伶俐，会讨好皇

上，像坐上了火箭一样被飞速提拔，短短几年就成了朝廷里的重要人物。乾隆皇帝退位后仍然上朝处理朝政，很多大事都靠和珅拿主意，嘉庆皇帝颙琰坐在旁边只是个摆设，根本没有实权。

和珅非常贪财，收受贿赂，包庇贪官，勒索商人。他掌管着全国的财政收入和皇室的小金库。各地进献给皇帝的珍宝，都要先被他挑一遍后才登记入库。他还在京城开了很多当铺、银号、古玩店，购置了大量土地，积累了大量钱财。

嘉庆皇帝早就看这个不可一世的家伙不顺眼了，等乾隆皇帝一死，他就派人抄了和珅的家，没收的财产总共有约11亿两白银，而在当时，国库一年的收入才4000多万两白银，这个大贪官的家产相当于国家20多年的收入。所以当时人们都说："和珅跌倒，嘉庆吃饱。"

打进皇宫的起义军

乾隆后期，由于官员贪污，地主强占土地，百姓的生活越来越艰难。嘉庆皇帝即位那年，在四川、湖北、陕西等地爆发了规模浩大的白莲教起义，朝廷花了10年时间才把这场起义镇压下去。到了1813年，白莲教的一个分支天理教在河南和北京同时发动起义，北京的这支起义军直接打进了皇宫紫禁城。

九月的一天，参加起义的200多人打扮成小商贩，分两路向皇宫的东华门和西华门集结。在宫内太监的接应下，起义军攻进皇宫，朝乾清门前广场西侧的隆宗门冲杀过去。乾清门前广场是分隔紫禁城前朝与后廷的一个狭长形广场，乾清门里面就是皇帝和后妃们居住的后廷内宫。这时正是秋天，嘉庆皇帝在河北承德的木兰围场打猎，不在宫中。起义军像天兵天将一般突然出现在后宫门外，把妃嫔们吓得惊慌失色。正在书房读书的皇子绵宁听到外面的打杀声，拿着一支鸟枪赶到养心殿，打死了两个翻上墙头的起义军。

起义虽然很快被赶来的官员和士兵镇压下去，但还是让朝廷受到很大的震动。得知消息后马上赶回北京的嘉庆皇帝惊呼："从来未有事，竟出大清朝！"杀敌有功的绵宁后来被选为皇太子，继位后改名为旻（mín）宁，他就是道光皇帝。

现在去北京故宫参观，你会看到隆宗门的门匾上扎着一个箭头，就是在这场战斗中留下的。

太平天国运动

清朝规模最大的农民起义是洪秀全领导的太平天国运动。1851年，洪秀全在广西金田村宣布起义，两年后便攻占了长江沿岸的重要城市武昌、江宁（今江苏省南京市），并把江宁改名为天京，定为都城。后来由于起义军内部自相残杀，太平天国迅速衰败。1864年，天京被清军攻陷，起义失败。起义总共延续了14年，沉重打击了清王朝的统治。

圆明园的浩劫

中国的茶叶、生丝、瓷器等产品一直受到西方国家人民的喜爱。清朝中期时，英国成为中国产品的最大购买国。可是，英国的羊毛织物等产品在中国却卖不出去。这样一来，英国在中国市场只花钱不挣钱，大量的银元流入中国。英国政府为了扭转这种局面，将吸食后会上瘾的鸦片卖给中国人，成功打开了中国市场。购买和吸食鸦片不仅导致大量白银外流，还严重损害了中国人民的健康。于是，道光皇帝下令严禁鸦片，林则徐在广州收缴了英、美等国鸦片贩子的200多万斤鸦片，在广州附近的虎门全部销毁。

1840年，英国以此为借口发动侵略中国的鸦片战争，靠着先进的武器打败中国。1842年，清政府被迫和英国签订《南京条约》，割让香港岛，赔偿鸦片价款和军费2100万银元，开放广州等五座城市为通商口岸。1856年，英国和法国又发动了第二次鸦片战争。1860年，英法联军攻入北京，咸丰皇帝逃往承德。10月6日，英法联军闯入北京城西北郊的圆明园。

圆明园始建于1709年，是康熙皇帝赐给皇子胤禛的一处园林，并亲自题写了园名匾额"圆明园"。经过150多年的营建，圆明园已经成为一座拥有100多处精美建筑群的皇家园林，园内收藏了无数金银珠宝、图书典籍、书画文物等珍贵物品，被称为"万园

清 北京

之园"。英法联军在园子里疯狂抢劫,抢走了难以计数的珍宝,很多拿不走的珍贵文物被就地砸坏捣毁。现在,这些珍宝已经流落到世界各地,其中大量精品收藏在英国和法国的博物馆、图书馆中。1860年10月18日,侵略军大肆抢劫之后在圆明园放了一把火,把这座无与伦比的人类艺术文化宝库烧成了一片废墟。

239

一场失败的变法

英法联军进攻北京时，逃往承德避暑山庄的咸丰皇帝，第二年就病死在那里，临终前传位给6岁的儿子载淳，这就是同治皇帝。很快，国家大权就落到了载淳的母亲慈禧太后手中。同治皇帝长到19岁就得病死了，为了继续掌握大权，慈禧太后从咸丰皇帝的侄子中挑了4岁的载湉（tián）继承皇位，他就是光绪帝。

光绪帝成年后，慈禧太后还是不愿交出手中的权力。而这时的中国，经历了几次战败后，在西方那些强国眼中就像一块大肥肉，谁都想来咬上一口。这让许多有志之士心急如焚，他们希望清王朝能够学习西方的科技文化，改革教育和政治制度，让国家变得强大起来，不再被西方列强欺负。主张改革的康有为、梁启超等人给光绪帝上书，说动光绪皇帝于1898年宣布实行变法，内容包括裁撤多余的官员、奖励农工商业、修建铁路、开采矿产、训练新式军队、奖励发明创造，等等。北京大学的前身京师大学堂就是在这场改革中兴建的。但仅仅3个月后，因为撤掉了慈禧太后的亲信官员，光绪皇帝就被慈禧太后囚禁起来，改革宣告失败。

这一年是农历的戊戌（wù xū）年，所以这场变法被称为"戊戌变法"。变法从开始到结束只持续了103天，又被称为"百日维新"。几天后，参与改革的谭嗣（sì）同等六人被抓捕，在北京的菜市口刑场从容就义。谭嗣同本来有机会逃走，但他说："各个国家的变法都是经过流血才成功的。如果变法成功一定需要有人流血，那就从我谭嗣同开始吧！"

清　北京

八国联军进北京

戊戌变法之后,民间一个名叫"义和拳"的习武组织渐渐发展起来。当时,随着外国列强的入侵,西方很多传教士来到中国,他们盖起了教堂,向中国人传播教义。在山东等地,传教人士和当地人民起了很多冲突。义和拳带着人们攻打教堂,成为一股打击洋人洋教的重要力量。清政府一面派兵镇压,一面又想利用义和拳对抗列强,于是承认它是民间团练(民兵),改称为"义和团"。

短短两年间,义和团的势力迅速发展壮大。他们进入天津和北京,打出"扶清灭洋"的口号,攻击外国使馆和教堂。为了镇压义和团运动,1900年8月,英、美、俄、法等8个国家组织起一支近两万人的队伍,攻占天津后朝北京进发。慈禧太后听说后,打扮成普通农村老太太的样子,带着光绪皇帝等人出了德胜门,逃往西安。

太后和皇帝跑了，北京城里的守军根本没有心思打仗。八国联军没费多大劲儿就打进了北京城，攻破了皇宫。联军进城后，下令官兵可以在城中任意抢劫三天。这些强盗在城中烧杀抢掠，官府、寺庙、富户和普通百姓都没能幸免。明朝编纂的《永乐大典》被焚烧和抢劫，观象台上的天文仪器被搬走，皇宫里收藏的珍宝被抢走，就连鎏（liú）金铜缸上的金粉都被刮下来带走。现在去故宫参观，还能看到太和殿等宫殿旁陈列的大铜缸上的累累刮痕。

1901年，清政府与西方列强签订《辛丑条约》，答应向各国赔款共计4.5亿两白银。第二年年初，在外逃亡一年多的慈禧太后才得以回到北京。

最后一个皇帝退位

戊戌变法和义和团运动的失败让很多人认识到，清政府已经病入膏肓，光靠改革根本没法挽救中国，只有进行一场彻底的革命，推翻清王朝的统治，建立起一个全新的国家，才是中国的出路。1905年，主张反清救国的孙中山和黄兴、宋教仁等人在日本东京成立中国同盟会，提出要推翻满族贵族的统治，废除君主专制，建立起一个民主的国家。

1908年，光绪皇帝和慈禧太后相继去世。慈禧太后生前挑选的小皇帝，年仅3岁的宣统皇帝

清　北京

溥（pǔ）仪即位，国家大事由他的父亲载沣（光绪皇帝的弟弟）和隆裕太后（光绪皇帝的皇后）代为管理。

　　1911年，同盟会在广州发动黄花岗起义，起义虽然失败了，但全国各地各个革命团体的革命党人仍在坚持斗争。这一年，清政府宣布把本来已经交给商人的两条铁路的修筑权收归国有，并和几家外国银行签订了借款修路的合同。这等于把修路权交到了外国人手中，遭到各地人民的反对，其中以四川的保路运动声势最为浩大。清政府从湖北调兵到四川镇压，这样一来，湖北的清军兵力大大减少。10月10日，湖北的革命党人在武昌发动武装起义，并于第二天占领武昌全城。起义胜利后，全国各地人民纷纷响应，短短两个月里，湖南、陕西等10多个省相继发动起义，宣布独立。这一年是农历辛亥年，所以这场划时代的革命运动被称为"辛亥革命"。

　　1912年2月12日，隆裕太后发布诏书，宣布宣统皇帝退位，统治中国260多年的清朝宣告灭亡，存在了2000多年的君主专制制度至此完结。

编修《四库全书》

乾隆皇帝时,任命纪昀为总纂官,主持编修了我国历史上最大的一部丛书,分为经、史、子、集四部,所以称为《四库全书》。这部丛书共收录3000多种图书,大约有8亿字,是明朝《永乐大典》的两倍多。《四库全书》手工抄写了7部,当时收藏在紫禁城的文渊阁、圆明园的文源阁、沈阳的文溯阁等七处。

文字狱

文字狱是指统治者从作者的诗文中摘取字句、罗织罪名而造成的狱案。清朝是文字狱最严重的朝代。康熙皇帝时,有人刻印了一部《明史》,因为书中有指责满族的字句,结果刻印工、卖书的、买书的等70多人被处死。乾隆皇帝时,有人因为写了"清风不识字,何故乱翻书"被判死刑。编纂《四库全书》时,很多被统治者认为对清朝不利的书籍被销毁。

剃发留辫子

按照满族人的习俗,男子要把头顶周围的头发剃掉,只留下中间一小片结成一根辫子。清朝迁都北京后,为了确定全国人民真正臣服于自己,颁布了"剃发令",要求男子都剃去头发,留满人的发型。可是几千年来,汉族男子的习惯是把头发束起来盘在头顶或脑后。清朝统治者称"留头不留发,留发不留头",强制人们剃发。江南的江阴、嘉定等地的百姓展开激烈的反剃发斗争,最后都被残酷镇压。

旗袍和马褂

旗袍是满族女子的代表性服饰。现在,在传统旗袍基础上发展出来的各种款式的旗袍,仍然是中国各族女性钟爱的服装。满族女子爱穿的木底鞋鞋面绣有各种彩色花卉,鞋底中部有圆形木质鞋跟,像脚底下踩着两个小花盆,俗称"花盆底鞋"。

满族男子的典型服装为长袍马褂。马褂最早为士兵穿着,黄色的马褂则是皇帝身边亲信侍卫的专用服装,后来也会赐给有功的大臣。"赏穿黄马褂"是一种很高的荣誉。

曹雪芹写《红楼梦》

曹雪芹的祖上是清朝皇帝的包衣（家奴），从曾祖到父亲三代都在南京担任江宁织造，负责供应皇宫的衣服。曹家在康熙末年的皇位之争中站错了队，和后来雍正帝的对手皇八子往来密切。雍正帝继位后，曹家很快就败落了。曹雪芹回到北京，住在西山脚下的一个小乡村里，靠卖字画艰难度日。在这样艰苦的环境下，曹雪芹花10年时间写出了长篇小说《石头记》，可惜流传下来的只有前80回。后来高鹗（è）续写了后40回，改名为《红楼梦》。

词人纳兰性德

纳兰性德姓纳兰，字容若，也叫纳兰容若，是清代最出名的词人。他的父亲纳兰明珠是康熙皇帝倚重的大臣。纳兰性德本人曾担任御前侍卫，多次跟随康熙皇帝出巡。他的代表词作《长相思》就是在随康熙皇帝去往盛京途中所作。纳兰性德和曹雪芹的爷爷曹寅是好朋友。

山一程，水一程，
身向榆关那畔行，夜深千帐灯。
风一更，雪一更，
聒（guō）碎乡心梦不成，故园无此声。

《长相思》

京剧

乾隆年间，为庆贺乾隆皇帝80岁大寿，以安徽籍艺人为主的南方四个戏班陆续来到北京演出。到了道光年间，在徽戏、汉调的基础上，融合昆曲、秦腔等剧种的唱腔和表演形式，形成了一种新的戏曲剧种，称为京剧。现在，京剧被称为中国的国剧，代表剧目有《霸王别姬》《群英会》《空城计》等。

詹天佑修京张铁路

1872年，清政府派出一批10岁出头的学生到美国去留学，这是中国历史上最早的官派留学生。其中有个12岁的小孩名叫詹天佑，他在美国学习9年后回国，后来成为一名铁路工程师。詹天佑负责修建从北京到张家口的京张铁路时，设计出"人"字形线路，用4年时间修成了第一条由中国人自己设计并建造的铁路。

看得见的历史

圆明园

位于北京市海淀区清华西路 28 号，最初为康熙皇帝赐给四子胤禛（后来的雍正皇帝）的一处园林，兴建于康熙末年和雍正年间，乾隆皇帝时加以扩建，形成圆明园、长春园、绮春园三园，有 5 个故宫那么大，被称为"万园之园"。1860 年被英法联军抢掠后放火烧毁。我们通常看到的圆明园遗址代表景观为西洋楼景区内的大水法遗址，当年为一处壮观的人工喷泉。

颐和园

位于北京市海淀区新建宫门路 19 号，圆明园西南方，前身为乾隆皇帝为母亲修建的清漪（yī）园，1860 年被英法联军焚毁，光绪年间重建后改称为颐和园。颐和园建成后，慈禧太后大部分时间都居住在这里。园内主要建筑有佛香阁、智慧海、乐寿堂、石舫、长廊、十七孔桥等。1998 年，颐和园被列入《世界遗产名录》。

恭王府

位于北京市西城区前海西街 17 号，最早为乾隆皇帝宠臣和珅的府邸。嘉庆皇帝抄了和珅的家后，把这座宅子赐给了弟弟庆王永璘。咸丰皇帝时转赐给弟弟恭亲王奕䜣（xīn），成为恭王府。恭王府是我国保存最为完整的王府建筑群，分为府邸和花园两部分，主要建筑有银安殿、嘉乐堂、后罩楼等。花园里的福字碑为康熙皇帝手书。

清 北京

沈阳故宫

也叫盛京皇宫，位于辽宁省沈阳市，为清朝初期的皇宫。沈阳故宫始建于1625年，乾隆皇帝时期又有增建，主要建筑有大政殿、十王亭、崇政殿等。清朝迁都北京后，康熙、乾隆、嘉庆等皇帝回盛京祭祖时也住在这里。2004年，沈阳故宫被列入《世界遗产名录》。

雍和宫

位于北京市东城区雍和宫大街，最早为康熙皇帝赐给四子雍亲王胤禛的府邸，为雍亲王府，乾隆皇帝弘历在这里出生和成长。雍正皇帝登基后，王府改称为雍和宫。乾隆皇帝时，雍和宫改为喇嘛庙，主要建筑有雍和宫殿、法轮殿、万福阁等。

北海公园

位于北京故宫西北侧、中南海北边，辽金时就在这里建有宫殿，为从辽到清五个朝代的皇家园林。园中的琼华岛堆建于金朝，岛上白塔为清朝顺治皇帝下令修建。园内五龙亭是清朝皇帝和皇后钓鱼、赏月的地方；九龙壁、静心斋等建筑为乾隆年间修建。

前门大街

为明清北京内城南门正阳门外一条南北向大街，明清皇帝从紫禁城去天坛祭天、去先农坛祭祀农神，都由这条路上经过。明朝时这里就是一条热闹的商业街。清朝时内城由八旗官兵分占，汉族官员和百姓只能住在外城，戏院、茶园等娱乐场所也只能开在外城，进一步促进了外城商业街前门大街的繁荣。

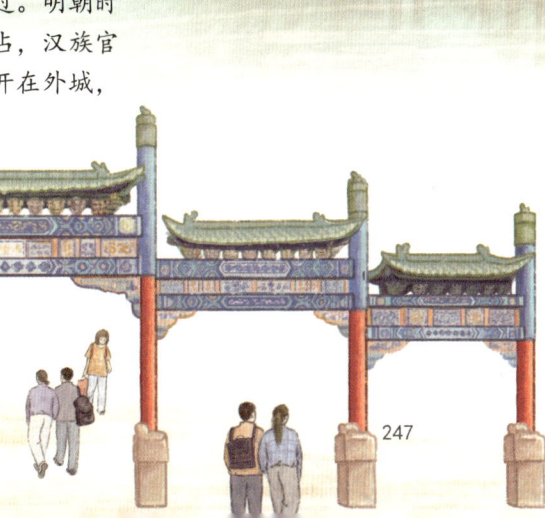

北京故宫

明清两朝的皇宫，原名紫禁城。1925年，这里建成故宫博物院。1987年，北京故宫被列入《世界遗产名录》。

坤宁宫

明朝时皇后居住的地方。清朝改为祭神的场所，东端两间是皇帝大婚时的洞房。

乾清宫

后廷正宫，明朝和清朝初年皇帝居住和工作的地方。清朝时，除夕晚上的皇帝家宴、节日期间的皇室宴会在这里举行。乾清宫、交泰殿、坤宁宫合称内廷后三宫。

乾清门

内廷宫殿的大门，是清朝皇帝御门听政的地方。勤奋的康熙皇帝每天早上6点（春夏）或7点（秋冬）到这里上朝，除了出外打仗和巡游，几十年里几乎从不间断。

养心殿

雍正皇帝和他之后的皇帝工作和居住的地方。

乾西五所

皇子居住的地方。乾隆皇帝做皇子时住在这里，后来部分建筑改建成重华宫、漱芳斋。

西六宫

皇后、嫔妃居住的地方。

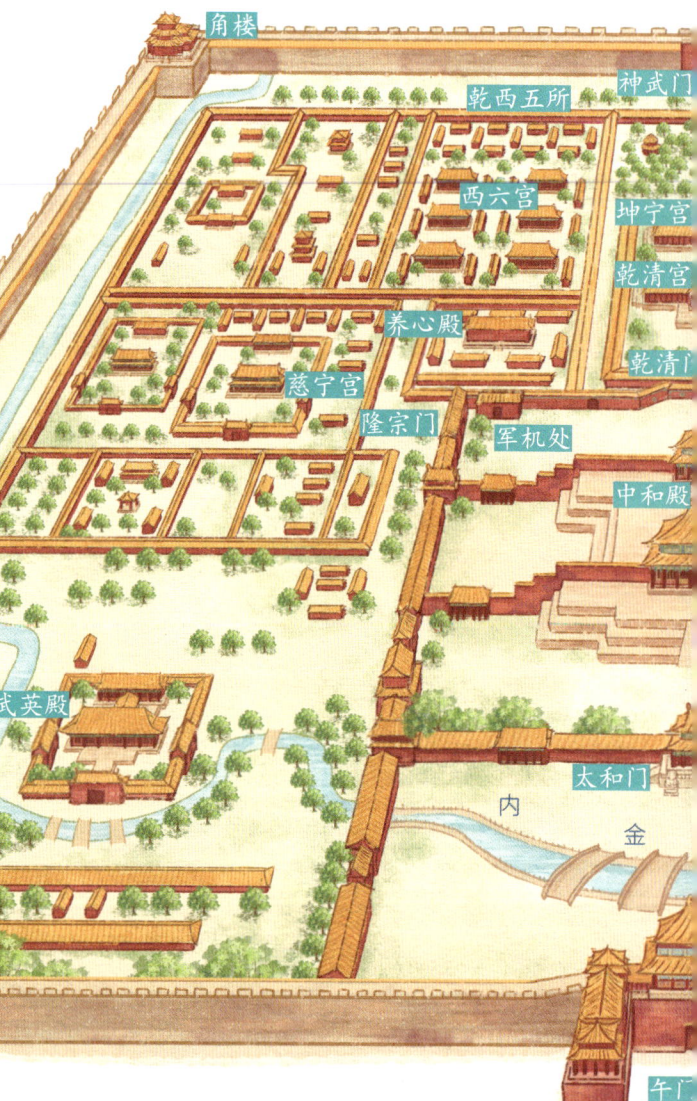

午门

也叫五凤楼，为紫禁城的正门，是每年十月初一皇帝颁布第二年日历的地方，打仗得胜后的献俘仪式也在这里举行。戏曲中常有"推出午门斩首"之说，但午门前并不是杀头的地方。不过明朝时，皇帝下令杖责官员，是把官员拉到午门外打板子。午门最中间的门洞是皇帝的专用通道，此外只有四个人能走这个门洞：皇后在大婚时从这个门洞进入皇宫；殿试结果宣布后，状元、榜眼、探花从这个门洞走出皇宫。

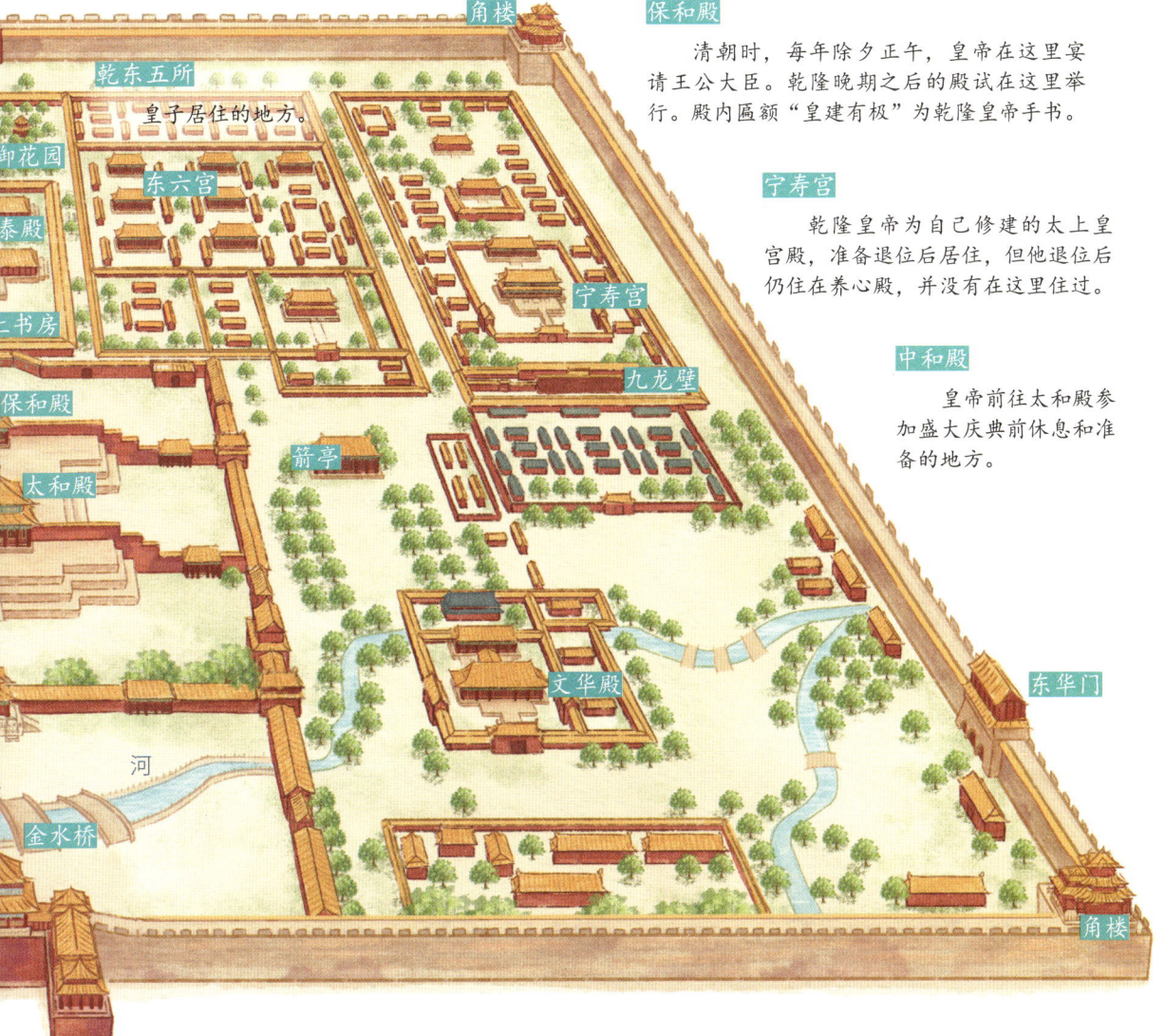

神武门

紫禁城的北门，原名玄武门，为了避康熙皇帝玄烨的名讳，改称神武门。

东六宫

皇后、嫔妃居住的地方。

交泰殿

为皇后在重大节日接受嫔妃和高官夫人们朝贺的地方。清朝乾隆皇帝之后，象征皇权的二十五方宝玺贮藏在这里。

上书房

清朝雍正皇帝之后皇子们上学的地方。

保和殿

清朝时，每年除夕正午，皇帝在这里宴请王公大臣。乾隆晚期之后的殿试在这里举行。殿内匾额"皇建有极"为乾隆皇帝手书。

宁寿宫

乾隆皇帝为自己修建的太上皇宫殿，准备退位后居住，但他退位后仍住在养心殿，并没有在这里住过。

中和殿

皇帝前往太和殿参加盛大庆典前休息和准备的地方。

太和殿

紫禁城的正殿，俗称金銮宝殿，是举行皇帝登基、大婚、册封皇后、元旦朝贺、宣布殿试结果等重要仪式的地方。明朝和清朝前期，科举考试中最高一级的殿试在太和殿广场和两侧的房子里举行。太和殿、中和殿、保和殿合称外朝三大殿。

太和门

外朝宫殿的大门。明朝皇帝在这里处理政事，称为御门听政。清朝顺治皇帝的登基仪式在这里举行。太和门前的一对铜狮为明代铸造，是紫禁城内最大的一对青铜狮。